MERLIN

1974

LA POESÍA DE VICENTE HUIDOBRO Y LA VANGUARDIA

BIBLIOTECA ROMÁNICA HISPÁNICA

Dirigida por DÁMASO ALONSO

II. ESTUDIOS Y ENSAYOS, 205

E. CARACCIOLO TREJO

LA POESÍA DE VICENTE HUIDOBRO Y LA VANGUARDIA

BIBLIOTECA ROMÁNICA HISPÁNICA

EDITORIAL GREDOS

MADRID

EDITORIAL GREDOS, S. A.

Sánchez Pacheco, 81, Madrid. España.

Depósito Legal: M. 9.692 - 1974
I. S. B. N.: 84-249-0545-8. Rústica
I. S. B. N.: 84-249-0546-6. Tela

Art. Gráf. Iberoamericanas, S. A. - T. Bretón, 51 - Madrid - 7

NOTA PRELIMINAR

Como el título sugiere, se ha tratado aquí de ver al poeta desde las perspectivas creadas por las diversas situaciones culturales que determinaron los movimientos conocidos como de vanguardia. Se apreciará cierta simetría entre ellos y la obra de Huidobro.

Se ha creído indispensable la redefinición de algunos movimientos, ya que solamente así las categorías con que operamos aquí se hacen más precisas e inteligibles. Particularmente si se tiene en cuenta que el poeta no siempre interpretó las tendencias de vanguardia de manera correcta.

La discusión de *Altazor* y de los libros posteriores es necesaria porque ellos constituyen una verdadera síntesis, así como la conclusión de un ciclo.

Deseo expresar aquí mi agradecimiento al Departamento de Literatura de la Universidad de Essex y a su Research Endowment Fund, con cuyo concurso me fue posible realizar estudios en París y Madrid durante el otoño de 1969; a miembros del Departamento de Literatura en Essex que leyeron secciones del libro en preparación, y al Prof. Arthur Terry, que me hizo atinados comentarios; y a Mary Bonner y Letizia Fernández de Worley por su colaboración en los aspectos de presentación de este trabajo.

PRIMEROS LIBROS

En esta relectura de los primeros libros de Huidobro se ha buscado deliberadamente huellas e indicios de otros poetas y otras poesías. Estamos convencidos de que Huidobro no vivió en la soledad del genio. Es, por el contrario, un hombre de letras tan inmerso en su tiempo, en su «milieu», como podría haberlo sido un intelectual del siglo XVIII. Los esfuerzos que se han hecho por aislarlo, por oponerlo a su generación, nublan antes que aclaran su perfil.

Hay en Huidobro una facultad «mimética», imitativa, que a través de su carrera contrasta con su egocentrismo desmesurado. De esas dos constantes de su carácter surgieron innumerables conflictos en su vida de relación que a veces tienden a enmascarar su rostro poético. Es esa facultad que nos permitimos llamar «mimética» la que lo lleva a escribir con gracia y soltura a la manera de tantos poetas; la que lo ayuda a componer poesía en francés con poco conocimiento de esa lengua. En Hispanoamérica, él fue de los primeros en ver que nos avecinábamos a mundos nuevos. Esa conciencia de temporalidad es también parte de sus dotes intuitivas.

Huidobro llega a su plenitud como poeta en *Altazor* pero en esa búsqueda de una verdad poética hay un momento que nos parece decisivo: su arribo a Francia. París es la posibilidad de acercarse al centro mismo de nuevas experiencias. Huidobro desde muy temprano fue consciente de que los valores estéticos estaban en crisis. Es

la Primera Guerra Mundial. Todo Occidente está por nacer
a una nueva época. En Hispanoamérica, luego de un «Modernismo» tal vez demasiado largo, se buscan otros rumbos. Y, en verdad, puede decirse que hasta *El espejo de
agua* (1916), Huidobro no ha encontrado la libertad que
ostentaría en colecciones posteriores.

Ecos del alma (1911) es el primer libro de Huidobro.
Escrito, sin duda, bajo el signo del romanticismo penin-
sular, repite formas que ya encontramos en otros poemas:

> «Dormitaba en el fondo de mi alma
>   La reina poesía,
> Tú viniste a arrancarla del sueño
>   Y a darla a la vida.
> Cuánta nota durmiendo esperaba
>   La mano benigna
> Que inspirándole al alma sentires
>   De amor y de dicha
> Diera fuerza y vigor a lo muerto,
>   A lo que dormía...» [1].

Sin embargo, no deben buscarse las fuentes de este libro
en el romanticismo únicamente. El poema «Invernal», por
ejemplo, revela ecos de Antonio Machado.

> «Cubre el valle la niebla
>   Como un sudario,
> Y tiembla entre sus pliegues
>   El campanario,
>   Naturaleza
> Temor inspira al alma
>   Con tu tristeza.
> ... ...

---

[1] *Obras completas de Vicente Huidobro*, 2 vols., Chile, 1964,
página 46.

> Disfrazado de músico
> Más pordiosero
> Tocando una romanza
> Pasa el buhonero;
> Se lleva el viento
> Sus notas ateridas
> Como un lamento.» [2]

El libro pasa de un tono melancólico, crepuscular, a veces insanablemente sentimental, a la sección «Cantares», donde el ingenio o la ironía dejan sus primeras notas. De una poesía amatoria convencional llegamos a nuevas dimensiones: los ojos que antes deslumbraban o condenaban con su desprecio son ahora objetos equiparables a los astros en brillo y tal vez en distancia. Es verdad que en este primer libro, de valor meramente histórico, esos atisbos de independencia no determinan el tono general. Un poema épico, «La epopeya de Iquique», canta glorias nacionales y otro, «Ilimay», recoge influjos sin duda ya presentes en tantos poemas indigenistas.

La gruta del silencio (1913) es mucho más rico que el anterior. Se tañen otras notas que indican una experiencia vital más intensa y sin duda más extensa. Un buen ejemplo es la «Elegía a Carriego», un verdadero despertar a nuevos tonos:

> «Las casas del suburbio cuchichearon su pena,
> Lloraron los faroles sus lágrimas de luz,
> Tu alma para todo era una madrecita buena,
> Tus versos bendecían y amaban cual Jesús.

---

[2] *Op. cit.*, págs. 65-66.

Cuando tú te alejaste una flor pueblerina
Lloró, lloró la luna hasta quedarse marchita,
Y entre las cuerdas dulces de una mandolina
Se suicidó una blanca *vidalita*.» [3]

Huidobro había comprendido perfectamente a Carriego.
Lo imitaba con juguetona ternura, lo parafraseaba con
amistoso deleite, lo definía. Los sentimientos son aquí más
complejos. Se bordea la ironía, pero no llega a ser hiriente.
Está controlada, ordenada en un trasfondo suavemente
nostálgico. Huidobro escribe, cuando se lo propone, como
Carriego:

«Allá va el viejecito que apenas se mueve,
Es un veterano del 79.
El encanto del barrio, lo miman como a un niño
Y todos lo hacen víctima de su leal cariño.» [4]

Sin embargo, ese último verso nos recuerda que éste no
es el verdadero tono de Huidobro. Quienes infligen cariño
han llevado las cosas demasiado lejos. Los tres versos
primeros que condescienden, que aceptan, son vulnerados
por ese último dubitativo, discordante. Huidobro queda
entonces fuera del poema, está jugando, está escribiendo
a la manera de alguien, pero no es él mismo. El poema
es una máscara. Importa señalar esta tendencia del poeta,
presente ya en obras tan tempranas.

El poema siguiente del mismo libro, «Monotonía odiosa
de las tardes nubladas», nos puede ilustrar la gran ductili-
dad del joven Huidobro. Este poema, que contiene pasajes
memorables, está escrito bajo dos signos. El de Lugones:

---

[3] *Op. cit.*, pág. 122.
[4] *Op. cit.*, pág. 127.

«El farol de la calle ¡qué afán de molestar!,
Petrificado en esa completa rigidez,
Cuando salgo parece que fuera a saludar
Con su cachimba roja, con su facha de inglés.» [5]

Y el de Herrera y Reissig:

«Las sombras ambarinas se alargan, fantasean
Y alcanzan a lamerme con lamidos de gato.» [6]

Pocos libros de Huidobro ayudan tanto a comprender su compleja personalidad juvenil. Casi podríamos decir que cada poema es una imitación, en el sentido que esa palabra tenía en el siglo XVIII. El poeta conocía íntimamente, con saber visionario antes que libresco, la poesía hispanoamericana de su tiempo. Sus recreaciones fluyen con una libertad inmensa, con una gracia liviana.

Como es lógico, hay en el libro otra presencia modernista. Está dedicado a Rubén Darío, pero ese gesto reverente contrasta con su amable parodia en el «Tríptico galante de Jarrón de Sèvres»:

«La divina Eulalia ríe a carcajadas
Entre las ternezas del feliz abate,
Mientras en la sombra brillan dos espadas
Y en el temeroso fragor de un embate
Cae un paje blanco rojo de estocadas.» [7]

La segunda parte de este libro, «El libro de la meditación», aspira a otro tono y está irremisiblemente enve-

---

[5] *Op. cit.*, pág. 122.

[6] G. de Torre, y D. Bary más tarde, han estudiado la relación entre este momento de la poesía de Huidobro y la de J. Herrera y Reissig.

[7] *Op. cit.*, pág. 127.

jecido. «El poema para mi hija», «A la hermana buena», «Las palabras de la anciana» señalan un estancamiento y aun una regresión. Solamente «La alcoba» tiene pasajes equiparables a los de la primera parte.

CANCIONES EN LA NOCHE (1913)

El autor mismo aclara que lo mueve a la publicación de ese libro el deseo de ilustrar su evolución como poeta antes que las virtudes de las composiciones que lo integran. En realidad, los poemas de la primera parte oscilan entre el romanticismo de Bécquer y el Modernismo en sus diversas formas. Es difícil encontrar un elemento común en esos ejercicios, algo que los defina e individualice. Huidobro se busca en ese libro, y nosotros, al buscar a Huidobro nos hallamos con fuentes, posibles coincidencias, similitudes, notas ya escuchadas. Constantemente el libro nos proyecta fuera de sus límites, nos remite a una situación ambiental.

«Japonerías de estilo» ofrece como novedad la presentación de algunos textos en forma de imágenes plásticas. Interesante como es el uso de tal artificio poético, es imposible atribuirle a Huidobro la paternidad de esos tempranos «*calligrammes*». Tal vez convendría recordar un poema como «Easter Wings», de George Herbert, poeta inglés del siglo XVII:

«Lord, who createdst man in wealth and store,
Though foolishly he lost the same,
Decaying more and more,
Till he became

Most poore:
With thee
O let me rise
As larks, harmoniously,
And sing this day thy victories:
Then shall the fall further the flight in me.

My tender age in sorrow did beginne:
And still with sickness and shame
Thou didst so punish sinne,
That I became
Most thinne.
With thee
Let me combine,
And feel this day thy victorie:
For, if I imp my wing on thine,
Affliction shall advance the flight in me.» [8]

Habría que agregar que Herbert continuaba así una tradición medieval. Textos presentados en forma de cruz son comunes en cierta literatura litúrgica. Por otra parte, Mallarmé había abierto nuevos rumbos con «Un coup de dés jamais n'abolira le hasard» (1897). Como antecedente más inmediato, Guillaume Apollinaire publicó en 1913 «La antitradición futurista», el «manifiesto-síntesis» que prefigura de modo evidente la tipografía de los «calligrammes» a que nos acostumbraría más tarde.

Los poemas en sí mismos mucho deben al exoticismo modernista. «Triángulo armónico» debe referirse a ciertas páginas de Julián del Casal y, en general, a las «chinoiseries» de moda durante el primer Modernismo. En «Nipona», por ejemplo, se nombra al «Yoshiwara» o «Yoshivara» como solía decirlo Del Casal. Este poema de Huidobro

---

8 Para una traducción de este poema véase *Los poetas metafísicos ingleses del siglo XVII*, Assandri, Córdoba, Argentina, 1962.

es el mejor de «Japonerías de estilo». Resuelto bellamente, con tensión que persiste a través de todos los versos, es la visión del poeta que se posa sobre una mesa ornada con motivos japoneses. Las rosas, el té y el 'biscuit', como así también «un cielo que extiende el palio de ónix de su vuelo», se unifican en un trasfondo levemente irónico, con ironía que recuerda a cierto Jules Laforgue. Es un poemita de rara maestría, de intrincadas asociaciones, de reverberaciones siempre activas.

«Los poemas plácidos», tercera parte de *Canciones en la noche*, contienen la «Balada para el Marqués de Bradomín». Concebido dentro del más ortodoxo modernismo rubendariano, es una poesía que sólo intenta lo adjetivo, lo descriptivo, la parodia, lo pintoresco. Huidobro no busca todavía la palabra que nombra por primera vez, el poema plegaria. El poeta entretiene, pero no compromete. A partir de este libro, quizás es lícito decir que Huidobro aspira a convertirse de trovador en bardo, de mero literato en visionario.

Adán (1916) es un nuevo Génesis. Un Génesis posterior a Darwin y al nacimiento de la Geología. El Adán de que nos habla Huidobro es, para decirlo con sus propias palabras, «aquel estupendo personaje a quien el gran Mechnikov ha llamado "el hijo genial de una pareja de antropoides"». Un tanto deslumbrado Huidobro por la ciencia del siglo XIX, intenta un redescubrimiento poético del universo. «Tanto me he ceñido a la ciencia que en el canto «Adán ante el mar» puede advertirse el origen marino de la vida, que es un fenómeno acuático, según ha demostrado hace pocos años M. Quinton y según creen todos los sabios de Europa». El poeta, de ese modo se impone una limitación que lo aleja de los misterios y las teogonías. Tampoco nos dice de sí mismo, como William

Blake en *The First Book of Urizen*, donde conciencia y universo se identifican. Cuando Huidobro nos habla de «El caos» se encuentra fuera de todo lo conocido, en un orden ajeno a lo humano, por lo tanto, libre. Esa fuerza ciega e inmensa que es el comienzo de todo, esa oscuridad insondable, no seduce al poeta. Le es remota y desconocida. Huidobro la proyecta constantemente al futuro, la hace dejar de ser para allegarse y nombrarla:

> «Éter que va a ser luz cuando tiemble y ondule,
> Neblina que camina a condensarse,
> Que será sólida cuando a sí misma se fecunde,
> Cuando en revoluciones logre compenetrarse.» [9]

Los místicos, los simbolistas a quienes nuestro poeta admiraba, aun los surrealistas habrían indagado en esas tinieblas; Huidobro las contempla, lejanas y enemigas. Las abandona muy pronto por las aparentes luces del sol, las mismas que ensombrecían a Baudelaire y a Mallarmé, por el «azur». En «El Himno del Sol» el astro habla a través de todo el poema. En ningún momento las palabras llegan a la imagen poética. Es como si las enseñanzas de M. Quinton hubieran mutilado la imaginación del poeta. Dice el Sol:

> «En mi seno se forman impacientes
> Preparaciones de simientes,
> Incubaciones de todos los gérmenes.»

O bien

> «Si de todas las cosas de la tierra
> Pudierais hallar la quintaesencia,
> Me hallaríais a mí en todas ellas.»

---

[9] *Op. cit.*, pág. 227.

Versos que no llegan a ser poesía, aunque enuncien verdades científicas. Huidobro ensaya contarnos otra vez el origen de la vida y del hombre: es una narración cruda con algunas líneas exclamativas. Los poemas tampoco se sostienen en un amplio gesto retórico, en un tono oratorio. Si fuera así diríamos que envejecieron; debemos afirmar, en cambio, que nunca llegaron a ser tales. Sin embargo, el poeta trata de asir imágenes que se le escurren. Hay algo frustrado en este libro confesadamente ambicioso. Pero la personalidad de Huidobro parece escindida a esta altura en su carrera. _El espejo de agua_ aparece también en 1916. [10] Si bien _Adán_ es un libro sin sorpresas y en muchos sentidos ajeno al poeta, _El espejo de agua_ señala la llegada de Huidobro a rutas seguras. Al dejar lo anecdótico, la situación exterior, comienza un largo viaje hacia sí mismo, hacia su centro: el poeta se ha encontrado. De manera que si de _Adán_ puede afirmarse que por decirlo todo no nos dice nada, hay que señalar que en _El espejo..._ Huidobro descubre el silencio.

El espejo de agua (1916) comienza con una declaración de principios. El poeta no va a decirnos del mundo y sus vicisitudes, no va a escribir tampoco a la manera de alguien, va a indagar en sí mismo. Aquí la introversión es perfectamente consciente, es una estrategia para llegar a ciertas verdades casi inasibles. Pero tal estrategia responde a una tensión interior que podemos llamar 'centrífuga', así como los libros anteriores ilustran una tendencia justamente opuesta.

---

[10] La existencia de esta edición de _El espejo..._ fue cuestionada por Guillermo de Torre. Nosotros aceptamos la información de Braulio Arenas en «Vicente Huidobro y el Creacionismo», introducción a _Obras completas de V. Huidobro_, Chile, 1964.

«Estamos en el ciclo de los nervios.
El músculo cuelga
Como recuerdo, en los museos.» [11]

Es comprensible que lo que llamamos «espíritu» o «subconsciente» sea en ese primer poema de Huidobro sólo «nervios». Es éste un vestigio de su amor por el cientificismo del siglo pasado que asoma ahora en extraña compañía. «Arte poética» comienza con estos versos elocuentes:

«Que el verso sea como una llave
Que abra mil puertas.»

Y, en efecto, el poeta abre las puertas de su interioridad, provincia que antes poco había frecuentado. En el poema siguiente nos revela los confines de sus exploraciones:

«Mi espejo, corriente por las noches,
Se hace arroyo y se aleja de mi cuarto.»

«Mi espejo, más profundo que el orbe
Donde todos los cisnes se ahogaron.» [12]

El espejo de que nos habla no tiene la frialdad indiferente del cristal, sino que es móvil, mudable, dinámico. Fluye como un arroyo por las noches en fugitivos sueños. Ese espejo insondable, es un «orbe», un universo que se extiende más allá de la belleza invitante y precaria de los cisnes. Aquí los cisnes recuerdan aquellas visiones de que nos habla Mallarmé en «Les fenêtres».

«Es un estanque verde en la muralla
Y en medio duerme tu desnudez anclada.»

---

[11] *Op. cit.*, pág. 255.
[12] *Op. cit.*, pág. 255.

Versos que prefiguran el surrealismo. Estamos en un orden no discursivo, entre visitaciones del subconsciente. La mención del cisne en el verso anterior nos trae al estanque, que sugiere agua y espejo. El estanque es verde porque lo asociamos con la naturaleza domeñada del jardín, con lo vegetal. Estos dos elementos en el contexto presente, sin embargo, parecieran aludir a aquello exterior a la conciencia, al «azur» de Mallarmé. En otro poema el poeta nos identifica lo verde con «el vuelo de los pájaros y el grito de los niños». Hay relaciones veladas que necesariamente se limitan y empobrecen en una formulación lógica. La muralla es lo que separa nuestra interioridad, nuestro ser «desnudo», del mundo. En ese estanque-espejo flotan los ensueños. Allí es donde el poeta canta y crea, imprevisible y libre:

> «Una rosa secreta se hincha en mi pecho
> Y un ruiseñor ebrio aletea en mi dedo.»

Jamás Huidobro había compuesto un poema tan profundo. Uso la palabra deliberadamente: profundidad de experiencia, experiencia en las honduras del ser. (En verdad, las vinculaciones que inútilmente busca en _Adán_ aquí se ofrecen sin violencias, fluyen con la soltura de una visión segura.) El poema sugiere, envuelve en una atmósfera de tensiones que se entrecruzan, se oponen, se identifican. Este breve poema marcaba la iniciación de una nueva manera en la poesía de Huidobro y, por lo tanto, estaba llena de promesas.

Algunos de los poemas de esta breve colección [13] apa-

---

[13] «El hombre triste», «El hombre alegre», «Nocturno», Otoño», «Nocturno II».

recerían más tarde en francés en la revista *Nord-Sud* y también formarían parte, con algunas modificaciones, de *Horizon carré* (1917). En «El hombre triste», la tristeza se ha unificado con un reprimido horror a la muerte. Tal unidad se consigue no a través de proposiciones precisas, sino por medio de imágenes sucesivas que, en su contexto, poseen una cualidad ominosa, proponen sobrecogedores interrogantes:

«Tened cuidado con las puertas mal cerradas.»

«Tu figura se ilumina al fuego
Y algo quiere salir.»

«El chorro de agua en el jardín.» [14]

Marion Milner en «Psychoanalysis and art» [15] caracteriza los procesos creadores como una suerte de diálogo entre conciencia y subsconciencia. De un diálogo tal pareciera haber brotado este libro de Huidobro. Nos asomamos allí a un abismo que el poeta vio, sintió y no pudo nombrar. Se llegaba así al umbral de una experiencia nueva. Las palabras comenzaban a sobrarle, sólo el silencio podía, a veces, decir algo:

«La alcoba se inunda.
Estoy perdido.
Un grito lleno de angustia;
Nadie ha respondido.» [16]

---

[14] *Op. cit.*, pág. 256.
[15] En *Psychoanalysis and contemporary thought*, Londres, 1958.
[16] *Op. cit.*, pág. 258.

O bien en el poema «Alguien iba a nacer»:

> «Algo roza los muros...
> Un alma quiere nacer.
>
> Ciega aún.
>
> Alguien busca una puerta,
> Mañana sus ojos mirarán.
>
> Un ruido se ahoga en los tapices.» [17]

Ese abismo, a veces estanque, a veces espejo, nos revela un paisaje interior único, no siempre accesible a la palabra.

---

[17] *Op. cit.*, pág. 259.

HUIDOBRO Y EL FUTURISMO

I

Con cierta insistencia se han referido algunos críticos de Huidobro a esta interesante relación, a partir de algunas declaraciones del poeta chileno recogidas en su libro *Pasando y pasando*. Es comprensible la actitud de Huidobro ante los desplantes públicos de Marinetti, ante su insanable megalomanía, verdadero precursor de ciertos gestos del «Duce». No es siempre placentera la tarea de volver a frecuentar esos textos que constituyen el esqueleto de la actitud futurista. Pero es tarea indispensable ya que Huidobro se refirió a Marinetti en forma circunstancial, sin advertir que mucho de lo que haría más tarde en poesía llevaba el germen dejado por los futuristas.

Cuando Huidobro llega a París, el Futurismo es una fuerza aceptada y considerable. Apollinaire se había identificado con ella; la revista *Sic*, que editaba Pierre-Albert Birot desde 1916, acogía textos como así también grabados futuristas. Hoy no es siempre posible establecer distinciones precisas entre los principios estéticos que dominaban a *Sic* y a *Nord-Sur*. Apollinaire colabora con ambas y en las dos publicaciones hay una común aspiración a producir un arte que se integre con la vida del momento, que lleve el sello indeleble de la época que lo engendra.

El documento que había criticado Huidobro —«Fondaziones e Manifesto del Futurismo—» aparecido en febrero de 1909, es útil para una ilustración de lo que puede llamarse la prehistoria del movimiento. Allí se revela una sensibilidad y una actitud que sólo puede calificarse de adolescente:

«1. Noi vogliamo cantare l'amor del pericolo, l'abitudine all'energia e alla temerità.»

«2. Il coraggio, l'audacia, la ribellione, saranno elementi essenziali della nostra poesia.»

«3. La letteratura esaltò fino ad oggi l'immobilità pensosa, l'estasi e il sonno. Noi vogliamo esaltare il movimento aggressivo, l'insonnia febbrile, il passo di corsa, il salto mortale, lo schiaffo ed il pugno.»[1]

Pero junto con esa incitación al ímpetu y al movimiento leemos en el punto 10:

«10. Noi vogliamo distruggere i musei, le biblioteche, le accademie d'ogni specie, e combattere contro il moralismo, il femminismo e contro ogni viltà opportunistica o utilitaria.»[2]

Tal grito contra las academias y los museos, es el mismo que habrían de repetir los dadaístas y los surrealistas a su manera. Por otra parte, los futuristas incitan al abandono de aquella nostalgia por un mundo arcádico y pasto-

---

[1] «1. Queremos cantar el amor al peligro, el hábito a la temeridad y al gesto enérgico. 2. El coraje, la audacia, la rebelión serán elementos esenciales de nuestra poesía. 3. La literatura exaltó hasta hoy la inmovilidad meditabunda, el éxtasis y el sueño. Nosotros queremos exaltar el movimiento agresivo, el insomnio febril, el ritmo de carrera, el salto mortal, la bofetada y el puño.»

[2] «10. Queremos destruir los museos, las bibliotecas, las academias de toda especie. Combatimos contra el moralismo, el feminismo y contra toda vileza oportunista o utilitaria.»

ril, irremediablemente preterido, en gesto que nada tiene
de miope:

> «11. Noi canteremo le grandi folle agitate del lavoro, dal
> piacere o dalla sommossa: canteremo le maree multi-
> colori e polifoniche delle rivoluzione nelle capitali
> moderne; canteremo il vibrante fervore notturno
> degli arsenali e dei cantieri incendiati da violente lune
> elettriche»... [3]

Hay algo positivo en estas declaraciones que importan, al
menos, una aceptación realista del mundo actual. Esto,
en un documento que ambicionaba un consumo popular,
tiene su mérito. Futurista significa aquí algo más que un
programa artístico-cultural, se torna en posición total
frente a la vida. Paradojalmente, este documento es de
los más atacables y destruibles que los futuristas produ-
jeran. Es injusto, por ello, juzgarlos solamente por ese
manifiesto primero.

En febrero de 1911, los pintores Boccioni, Carrá, Rus-
solo, Balla, Severini, etc., publicaron un «Manifesto dei
Pittori futuristi» donde se incita a lo siguiente:

> «1. Distruggere il culto del passato, l'ossessione dell'antico,
> il pedantismo e il formalismo accademico.
>
> 2. Disprezzare profondamente ogni forma d'imitazione.
>
> 3. Esaltare ogni forma di originalità, anche se temeraria,
> anche se violentissima.
>
> 4. Trarre coraggio ed orgoglio dalla facile taccia di pazzia
> con cui si sferzano e s'imbavagliano gl'innovatori.

---

3 «11. Cantaremos las grandes multitudes que se agitan en
el trabajo, el placer o los motines: cantaremos las mareas multi-
colores y polifónicas de las revoluciones en las capitales moder-
nas; cantaremos el vibrante fervor nocturno de los arsenales y los
astilleros encendidos por violentas lunas eléctricas.»

5. Considerare i critici d'arte come inutili o dannosi.
6. Ribellarci contro la tirannia delle parole: *armonia e buon gusto*, espressioni troppo elastiche, con le quali si potrebbe facilmente demolire l'opera di Rembrandt e quella di Goya.
7. Spazzar via dal campo ideale dell'arte tutti i motivi, tutti i soggetti già sfruttati.
8. Rendere e magnificare la vita odierna, incessantemente e tumultuosamente trasformata dalla scienza vittoriosa.» [4]

Este documento, aún hoy más aceptable que el anterior de Marinetti, corroboraba el de abril de 1910 —por los mismos pintores— conocido como «La pittura futurista. Manifesto tecnico». Allí volvían a formularse principios que ya Cézanne había intuido, «Che il moto e la luce distruggono la materialità dei corpi» [5], pero que luego del cubismo no era posible olvidar. Con el énfasis en el movimiento, en el dinamismo universal, los futuristas no se equivocaban; pero ese dinamismo se torna en ellos en mera mecánica, en una multiplicación de fuerzas y traslaciones que no llegan a constituir transfor-

---

[4] «1. Destruir el culto al pasado, la obsesión de lo antiguo, el pedantismo y el formalismo académico. 2. Despreciar profundamente toda forma de imitación. 3. Exaltar toda forma de originalidad, aun si temeraria, aun si violentísima. 4. Extraer coraje y orgullo de la fácil imputación de locura con que se castigan y amordazan los innovadores. 5. Considerar a los críticos de arte como inútiles y dañosos. 6. Rebelarse contra la tiranía de las palabras 'armonía y buen gusto', expresiones demasiado elásticas con las que se podría fácilmente demoler la obra de Rembrandt y la de Goya. 7. Arrojar fuera del campo ideal del arte todos los motivos, todos los temas ya usados. 8. Reflejar y exaltar la vida actual, incesantemente y tumultuosamente transformada por la ciencia victoriosa.»

[5] «Que el movimiento y la luz destruyen la materialidad de los cuerpos.»

maciones. Las suyas son verdades a medias. En realidad, los futuristas parecen proponer una suerte de neo-pragmatismo, en el que el individuo elude la meditación y la introversión a través del movimiento, de la agresión a la sociedad y a la naturaleza. Hay mucho de espurio en esta actitud que suena a liberación y a purificación. Y, sin embargo, los gestos de estos díscolos encierran algo de legítimo.

En mayo de 1912 aparece el «Manifesto tecnico della letteratura futurista». Marinetti, entre expresiones que bordean lo grotesco, se acerca a aquellas posiciones que sostendrían más tarde tantos poetas de vanguardia:

> «In aeroplano, seduto sul cilindro della benzina, scaldato il ventre dalla testa dell'aviatore, io sentii l'inanità ridicola della vecchia sintassi ereditata da Omero. Bisogno furioso de liberare le parole, traendole fuori dalla prigione del periodo latino.» [6]

Y continúa más adelante:

> «1. Bisogna distruggere la sintassi disponendo i sostantivi a caso, come nascono.» [7]

Marinetti no sólo sugiere la supresión de la sintaxis, sino la abolición de los adjetivos, de los adverbios, de la puntuación... Los verbos deben usarse en modo infinitivo, el único modo capaz de «dare il senso della continuità

---

6 «En aeroplano, sentado sobre el cilindro de la gasolina, el vientre calentado por la cabeza del aviador, sentí la inanidad ridícula de la vieja sintaxis heredada de Homero. Una necesidad furiosa de liberar las palabras sacándolas de la prisión del período latino.»

7 «Es preciso destruir la sintaxis disponiendo los sustantivos al azar, según nacen.»

della vita e l'elasticità dell'intuizione che la percepisce». [8]
Pero aún más importante a nuestro propósito es su concepción de la imagen poética:

> «7. Gli scrittori si sono abbandonati finora all'analogia
> immediata. Hanno paragonato per esempio l'animale
> all'uomo o ad un altro animale, il che equivale ancora,
> press'a poco, a una specie di fotografia. (Hanno para-
> gonato per esempio un fox-terrier a un piccolissimo
> puro-sangue. Altri, più avanzati, potrebbero paragonare
> quello stesso fox-terrier trepidante, a una piccola mac-
> china Morse. Io lo paragono invece, a un'acqua ribo-
> llente.) V'è in cio una *gradazione di analogie sempre
> più vaste*, vi sono dei rapporti sempre più profondi
> e solidi, quantunque lontanissimi.»
>
> «L'analogia non è altro che l'amore profondo che colle-
> ga le cose distanti, apparentemente diverse ed ostili.
> Solo per mezzo di analogie vastissime uno stile orches-
> trale, ad un tempo policrono, polifonico, e polimorfo,
> può abbracciare la vita della materia.» [9]

Como vemos, Marinetti amplía los límites permisibles de
las analogías. Busca, todavía de manera mecánica, la crea-

---

[8] «...dar el sentido de la continuidad de la vida y la elastici-
dad de la intuición que la percibe.»

[9] «Los escritores se han abandonado hasta ahora a la analogía inmediata. Han parangonado, por ejemplo, el animal al hombre o a otro animal, lo que equivale todavía a casi una especie
de fotografía. (Han parangonado, por ejemplo, un foxterrier a un
pequeñísimo pura-sangre. Otros, más avanzados, podrían com-
parar aquel mismo fox-terrier trepidante, a una pequeña máquina
Morse. Por mi parte la comparo al agua hirviente.) Se ve en
esto una *gradación de analogías cada vez más vastas*, relaciones
cada vez más profundas y sólidas, aunque muy lejanas.» «La
analogía no es otra cosa que el amor profundo que relaciona las
cosas distantes, aparentemente diferentes y hostiles. Sólo por
medio de analogías vastísimas un estilo orquestal, al mismo tiempo policromo, polifónico y polimorfo, puede abrazar la vida de
la materia.»

ción de una textura de imágenes que rompan las ataduras del lenguaje convencional. Es difícil no vincular estos textos de Marinetti con lo que Pierre Reverdy escribía sobre la imagen en un artículo aparecido en el número 13 de *Nord-Sud:*

> «L'analogie est un moyen de création — c'est une ressemblance de rapports; or de la nature de ces rapports dépend la force ou la faiblesse de l'image créée.»[10]

No pretendemos equiparar estas dos actitudes, sino alinearlas en un proceso de búsqueda que es la historia de la literatura conocida como «de vanguardia». Marinetti aún trata de encontrar una corroboración a sus entidades literarias en el mundo fáctico; Reverdy acepta, desde el comienzo, que «L'image est une création pure de l'esprit».[11] Sabe que la justeza de las asociaciones no es mensurable en la realidad física, ya que aquella relación que nos conmueve será juzgada en virtud del efecto que nos produzca:

> «Ce qui est grand ce n'est pas l'image — mais l'émotion qu'elle provoque; si cette dernière est grande on estimera l'image à sa mesure.»[12]

La imagen así vista contribuye a la gestación de aquella «realidad poética» que para Reverdy era el arribo a un territorio soñado y distante. De manera similar, podemos

---

[10] «La analogía es un medio de creación, es una semejanza de relaciones; ahora bien, de la naturaleza de esas relaciones depende la fuerza o la debilidad de la imagen creada.»

[11] «La imagen es una creación pura del espíritu.»

[12] «Aquello que es grande no es la imagen, sino la emoción que ella provoca; si esta última es grande se valorará la imagen a su medida.»

relacionar el texto de Marinetti a algunas declaraciones de los ultraístas. En 1922 aparecía en Buenos Aires *Prisma, revista mural,* donde podía leerse:

> «Hemos sintetizado la poesía en su elemento primordial: la metáfora, a la que concedemos una máxima independencia, más allá de los jueguitos de aquellos que comparan entre sí cosas de formas semejantes, equiparando con un circo a la luna. Cada verso de nuestros poemas posee su vida individual y representa una visión inédita.»

Los ultraístas liberan también la imagen poética del mundo de la materia; pero Marinetti había comenzado ese auto-examen que nos hacía llegar a estas concepciones. En él la imagen poética es menos revelación que conocimiento ampliado. En verdad, el poema no es para él ingreso en nuestro ser más recóndito, sino la posibilidad de «penetrare la essenza della materia e distruggere la sorda ostilità che la separa da noi». [13] Es difícil precisar este concepto que podría equipararse a una noción panteísta. Sin embargo, el uso del término «materia» nos pone un límite concreto, que sería casi científico si el poeta no abogase, al mismo tiempo, por una liberación de la lógica, de la razón y por una exaltación de la intuición. Intuición que, para ser consecuentes, no pasaría de ser un refinamiento, una sublimación del instinto.

Hacia 1916 Huidobro escribía en el prefacio a su libro *Adán:*

> «Muchas veces he pensado escribir una Estética del Futuro, del tiempo no muy lejano en que el Arte esté hermanado, unificado con la Ciencia.» [14]

---

[13] «...penetrar la esencia de la materia y destruir la sorda hostilidad que la separa de nosotros.»
[14] *Op. cit.* Vol. I, pág. 223.

Esta fe en una armonía entre ciencia y arte, es en esencia hermana de aquella unidad, cara a Marinetti, entre mundo de la materia y del espíritu, si bien los futuristas preferirían tal vez decir «intuición». Huidobro no se identifica con las ideas futuristas, pero inicia su pensar en aquellas regiones de la creación donde los futuristas buscaban. Huidobro parece haber tenido fe en la ciencia, en la posibilidad de un conocimiento verdadero a través del instrumento y la experimentación; y aquella exclamación acerca de Emerson en el prefacio de *Adán* —«¡Ah! si este hombre admirable hubiera sido más científico»— nos deja perplejos: ¿más sistemático?, ¿más preciso?, ¿más razonador?

Tal vez podría referir estos conceptos a los de su ensayo «La creación pura», incluido en su libro *Manifestes* (1925):

> «Debemos poner atención en este punto, pues la época que comienza será eminentemente creativa. El Hombre sacude su yugo, se rebela contra la Naturaleza como antaño se rebelara Lucifer contra Dios, a pesar de que esta rebelión sólo es aparente, pues *el hombre nunca estuvo más cerca de la Naturaleza que ahora que ya no busca imitarla en sus apariencias, sino hacer lo mismo que ella, imitándola en el plano de sus leyes constructivas,* en la realización de un todo, en el mecanismo de la producción de nuevas formas.» [15]

Es decir, que el artista liberado crea, aun a pesar de sí mismo, bajo el influjo ciego, inmodificable de la naturaleza. Opera al igual que ella, es Naturaleza. Marinetti no oponía la máquina a los árboles, a los animales y las montañas, por el contrario, siendo ésta metal, piedra,

---

[15] *Op. cit.* Vol. I, pág. 659.

leño, mantenía una armonía secreta con ella. Solamente el «yo» es lo ajeno a esa paz universal. Marinetti decía:

> «Mediante l'intuizione, vinceremo l'ostilità apparentemente irriducibile che separa la nostra carne umana del metallo dei motori.» [16]

Y Huidobro:

> «¿Acaso el arte de la mecánica no consiste también en humanizar a la Naturaleza y no desemboca en la creación?» [17]

Las posiciones de Huidobro y Marinetti no se apartan demasiado, por más que el tono de los documentos sea tan distinto. Pero si comparamos los manifiestos futuristas de 1911 y 1912 con las declaraciones de Huidobro en su libro *Pasando y pasando*, encontramos coincidencias aún de tono:

> «En literatura me gusta todo lo que es innovación. Todo lo que es original.»
> «Odio la rutina, el cliché y lo retórico.»
> «Odio las momias y los subterráneos de museo.»
> «Odio los fósiles literarios.»
> «Odio todos los ruidos de cadenas que atan.»
> «Odio a los que todavía sueñan con lo antiguo y piensan que nada puede ser superior a lo pasado.»
> «Amo lo original, lo extraño.»
> «Amo lo que las turbas llaman locura.»
> «Amo todas las bizarrías y gestos de rebelión.»
> «Amo todos los ruidos de cadenas que se rompen.»

---

16 «Mediante la intuición venceremos la hostilidad aparentemente inexpugnable que separa nuestra carne humana del metal de los motores.»

17 *Op. cit.* Vol. I, pág. 660.

«Amo a los que sueñan con el futuro y sólo tienen fe en el porvenir sin pensar en el pasado.»

«Amo las sutilezas espirituales.»

«Admiro a los que perciben las relaciones más lejanas de las cosas. A los que saben escribir versos que se resbalan como la sombra de un pájaro en el agua y que sólo advierten los de muy buena vista.»

«Y creo firmemente que el alma del poeta debe estar en contacto con el alma de las cosas.»

Hay otro punto en que las actitudes de Huidobro y de los futuristas se identifican: en la común fe en un arte «nuevo», en la convicción de que hay «progreso» en arte, en la confianza en un proceso de «perfeccionamiento» que Huidobro llega a equiparar al proceso de selección biológica y aun al seguido por la civilización.

«El hombre empieza por ver, luego oye, después habla y por último piensa. En sus creaciones, el hombre siguió este mismo orden que *le ha sido impuesto*. Primero inventó la fotografía, que consiste en un nervio óptico mecánico. Luego el teléfono, que es un nervio auditivo mecánico. Después el gramófono, que consiste en cuerdas vocales mecánicas; y, por último, el cine, que es el pensamiento mecánico.»

«Y no sólo esto, sino que en todas las creaciones humanas se ha producido una selección artificial exactamente paralela a la selección natural, obedeciendo siempre a las mismas leyes de adaptación al medio.»

«Uno encuentra esto tanto en la obra de arte como en la mecánica y en cada una de las producciones humanas.» [18]

Huidobro no aclara cuál es el agente que controla las acciones humanas y que impone este orden al hombre. Pero si esto es así entonces se invalida la posibilidad de

[18] *Op. cit.*, pág. 661. (El subrayado es nuestro.)

una creación pura. He aquí otro ejemplo del conflicto espiritual que vive nuestro poeta solicitado al mismo tiempo por el racionalismo cientificista del siglo XIX y por el idealismo esteticista que proponen algunas corrientes de pensamiento en las primeras décadas de este siglo. Pero hay otras coincidencias entre Huidobro y los futuristas: en la disposición tipográfica de los poemas, con amplios espacios blancos y tipos de variables dimensiones; en las imitaciones o ideogramas de objetos realizados utilizando caracteres determinados en lugar de las líneas o manchas del dibujo tradicional; en las onomatopeyas. En realidad, los futuristas tampoco inventaron estos recursos, pero es útil señalar estas coincidencias por la vecindad temporal que vincula a Huidobro con ellos. Nuestro poeta comienza a usar tales elementos cuando llega a Europa. Antes, aparte de los poemas ya comentados de «Japonerías de estilo» —intentos que después de Mallarmé resultaban tímidos— nunca se entregó a tales ejercicios.

II

Apollinaire veía claro cuando se consideraba a sí mismo futurista. Pierre-Albert Birot, editor de *Sic*, acogía en sus páginas de vanguardia a figuras como Tristan Tzara, uno de los fundadores del Dadaísmo, como Luciano Folgore de activa participación en el movimiento futurista italiano, como Reverdy y Dermée que luego se unirían con Huidobro en las páginas de *Nord-Sud*. Todos estos poetas estaban hermanados en 1917 por ideales comunes. Los poemas que Huidobro publica en *Horizon carré* lo sitúan sin duda junto a ellos. Limitándonos de momento a los confesadamente futuristas, es posible hallar muchos ele-

mentos comunes entre el Luciano Folgore de un poema
como «Saisons d'affiches» y el Huidobro de «Téléphone»,
ambas composiciones de 1917.

Saisons d'affiches

Rectangle vert: avril frais d'une figure de femme:
    syllabes claires soulignées par le soleil
énorme affiche ROUGE: s'arrondissent des noms en feu par le
violent été des cafés-concerts. Une toute petite
affiche BLEUE: peut-on aller dans ces pays du nord, toujours
en automne? BLANC et NOIR: arbres et neige:
réclame de la mort. La vie et le temps les
voilà en 50 mètres de chemin.
    la rose des vents de mon cerveau les éparpille
ensuite par latitudes d'années et longitudes de souvenirs. [1]

Téléphone

FILS TÉLÉPHONIQUES
CHEMIN DES MOTS
        Et dans la nuit
        Violon de la lune
        UNE VOIX
Une montagne
        s'est levée devant moi
Ce qui attend derrière
        cherche son chemin
DEUX ENDROITS
        DEUX OREILLES

---

[1] «*Estaciones de afiches.* Rectángulo verde: abril fresco de una
figura de mujer:/sílabas claras subrayadas por el sol/enorme
afiche ROJO: se redondean los nombres en fuego por el/verano
violento de los cafés-conciertos. Un afiche pequeñito/AZUL: se
puede ir a ese país del norte siempre/en otoño? BLANCO y
NEGRO: árboles y nieve:/ publicidad de la muerte. La vida y
los tiempos helos allí en 50 metros de camino. La rosa de vientos
de mi cerebro los esparce/luego por latitudes de años y longitudes de recuerdos.»

Une route à parcourir
Paroles
le long de ton cheveu
Une est tombée à l'eau
ALLO

ALLO[2]

Los afiches, el teléfono, nos sitúan temporalmente, son «la vie et le temps». En ambos poemas predominan las imágenes visuales, recortadas en versos fragmentados y un tanto enumerativos. Se suceden tal vez con mayor movilidad en Huidobro, son algo más libre; pero los poemas no difieren en tono emocional o en «tempo». Las imágenes sugieren atmósferas evocativas de emociones que no se precisan, que sólo ayudan a decir tanto cuanto el lector mismo puede decir.

Sin duda, que es éste un Futurismo de nuevo tipo, algo que ha dejado muy atrás los intentos poéticos de Marinetti, de Libero Altomare, de Paolo Buzzi, de Enrique Cardile y de otros poetas antologados en _I Poeti Futuristi_[3] de 1912. Es lícito, pues, hablar de un Posfuturismo que estaría representado por el Luciano Folgore de _Sic_, por Paul Dermée, Albert-Pierre Birot, etc. Tal Posfuturismo, muy cercano a veces al Cubismo de Pierre Reverdy en la presentación de las imágenes, puede tal vez distinguirse de éste por su diversa noción del mundo, por una visión diferente. Oigamos a Marcel Raymond:

---

2 «_Teléfono_. Hilos telefónicos/Caminos de las palabras/Y en la noche/Violín de la luna/Una montaña/se ha elevado ante mí/ Lo que espera atrás/busca su camino/Dos lugares/Dos orejas/ Una larga ruta a recorrer/Palabras a lo largo de tus cabellos/ Una ha caído al agua/Hola/Hola.»

3 Colección aparecida con una «proclama» de F. T. Marinetti y un estudio sobre el verso libre de Paolo Buzzi, Edizioni Futuriste de Poesia, Milán, 1912.

«Pratiquement, entre un poème d'inspiration futuriste de
Paul Dermée, de Pierre-Albert Birot, et un poème de Reverdy, la distance n'est pas considérable; à tous l'usage s'impose
de noter seulement les temps forts de la pensée, de disposer
sur la page des îlots psychiques et comme des taches de
poésie, et chez plus d'un moderniste les sensations de la
périphérie n'affleurent qu'après avoir passé par le «labora-
toire central» de l'être. En théorie, cependant, une antithèse
se dessine entre deux attitudes, entre une poésie du sensible, temporelle, et une poésie de l'esprit, de tendance oniri-
que, intemporelle, et l'évolution réelle de la littérature, de
1915 à 1925 et au-delà, justifie cette distinction.»[4]

Huidobro oscila entre estas dos posiciones. *Horizon carré*,
Poemas árticos, se acercan al mundo y a la poesía de
Reverdy; *Tour, Eiffel, Hallali, Ecuatorial* son más bien
parte de ese posfuturismo que Raymond distingue. En
efecto, aunque casi todos estos poetas conviven en las
páginas de *Sic* o de *Nord-Sud*, cuando estas tendencias
se proyectan en el tiempo las diferencias se tornan más
reconocibles. Tal vez haya que señalar la mayor afinidad
de Huidobro con el hoy casi olvidado Paul Dermée. El
siguiente poema de Dermée puede ilustrar esta asevera-

---

4 M. Raymond, *De Baudelaire au Surréalisme*, Corti, París,
1966, pág. 276. Hay traducción española. «Prácticamente, entre un
poema de inspiración futurista de Paul Dermée, de Pierre-Albert
Birot y un poema de Reverdy, no hay una distancia considerable;
se les impone a todos el hábito de anotar sólo los tiempos fuertes
del pensamiento, de disponer en la página islotes psíquicos
y unas como manchas de poesía, y en más de un modernista las
sensaciones de la periferia únicamente afloran después de haber
pasado por el «laboratorio central» del ser. Sin embargo, en
teoría, se dibuja una antítesis entre dos actitudes, entre una
poesía de lo sensible, temporal, y una poesía del espíritu, de
tendencia onírica, intemporal, y la evolución real de la literatura de 1915 a 1925, y años posteriores, justifica esa distinción.»

ción. «Poème» apareció en el número 8 de *Nord-Sud* en octubre de 1917. [5]

> «Est-ce un avion dans le ciel
>   une abeille
> O souvenir tu chantes dans ma pensée
> Rose blanche
>   ton rire
>   l'ombrelle verte
> Un papillon butine l'herbe
> La carpe saute au ruisseau d'acier
> Ma cigarette dans les arbres
>   air de flûte
> Soleil   ma tête bourdonne
> Cette basse éternelle à l'horizon
>   est-ce la chute d'eau
>   ou le canon.» [6]

Estas imágenes, tan similares a otras de Huidobro, no revelan en verdad las obligadas presencias futuristas, como no sea la mención de ciertos objetos típicos: «avión», «cañón». Sin embargo, es un poema fuera de una estética reverdiana, pues hay un uso de la observación directa, una presencia del mundo ordinario, una realidad «práctica». Tal vez convenga recordar aquí lo que Reverdy escribía en *Nord-Sud* de marzo de 1918:

> «Pour rester pure cette poésie exige que tous les moyens concourent à créer une *réalité poétique*. On ne peut y faire intervenir des moyens d'observation directe qui ne servent

---

5 Luego incluido en el volumen *Spirales*, París, 1917.

6 «Es un avión en el cielo/una abeja/Oh recuerdo tú cantas en mi pensamiento/rosa blanca/tu reír/el parasol verde/una mariposa saquea la hierba/la carpa salta en el arroyo de acero/ mi cigarro en los árboles/aire de flauta/sol/mi cabeza zumba/ese eterno bajo en el horizonte/es la caída de agua o el cañón.»

qu'à détruire l'ensemble en détonnant. Ces moyens ont une autre source et un autre but.»[7]

Es verdad que en este poema de Dermée no se ha «creado» otra realidad, sino se ha registrado un momento de percepción, se ha detenido por un instante el fluir de la conciencia. Es decir, es ésta «poesía de sensación, temporal» y no «poesía del espíritu», para usar las palabras de Raymond. De todos modos, no debe exagerarse esta distinción, pues es evidente que Dermée compuso poemas de gran afinidad con los de Reverdy. El poema siguiente ha sido también tomado del volumen *Spirales* (1917).

L'ETANG LA VILLE

Les allumettes ne prennent pas
Si la poudre était détrempée
    Un jour froid
        désespéré

Point mort de l'année

Des ailes lourdes
    Un rossignol
        une source

Le tabac est trop humide
La pipe ne tire pas

Bois donc une coupe de vin Bibi
    Mets du soleil dans tes entrailles

---

[7] «Para mantenerse pura esta poesía exige que todos los medios concurran a crear una *realidad poética*. No se puede hacer intervenir allí medios de observación directa que sólo sirven para destruir el conjunto al desentonar. Tales medios poseen otro origen y otro fin.»

```
Au loin
      Le train siffle et passe sur des tôles
L'étincelle butine la paille

      Un lambeau de soleil traîne sur l'herbe
VIF ECLAT
      c'est un papillon blanc qui passe    L
                                           U
Je fais s'essaimer les abeilles            M
O sublime lampe qui m'éclaires               I
La ronde dans la clairière                     É
      Orgueil d'être vainqueur                   R
      Regards d'azur                               E

UN HOMME VIENT AVEC
            UNE ÉTOILE DANS LE COEUR [8]
```

El poema, todo, está sostenido en la simultaneidad de las sensaciones. Posee en tal sentido una cualidad casi mecánica y es ese mecanismo el que condiciona su ordenamiento. Sin duda, que Dermée debe aquí algo a Apollinaire, y quizás lo mismo podría decirse de Huidobro. Es posible afirmar que sólo la última imagen satisfaría la estética de Reverdy. Este futurismo se ha tornado más psicológico. No hay proyección del ser hacia un encuentro con el mundo, sino más bien pareciera haber una

---

[8] «EL ESTANQUE LA CIUDAD/Las cerillas no prenden/Si estuvieran mojadas/Un día frío/desesperado/Punto muerto del año/Las alas pesadas/Un ruiseñor/una fuente/El tabaco está demasiado húmedo/La pipa no tira/Bebe, pues, una copa de vino Bibi/Mete el sol en tus entrañas/A lo lejos/El tren silba y pasa sobre las chapas/La chispa asuela la paja/Un jirón de sol se arrastra sobre la hierba/VIVO RESPLANDOR/Es una mariposa blanca que pasa/Hago un enjambre de abejas/L U Z/Oh lámpara sublime que me iluminas/Ronda en la claridad/Orgullo de vencer/ Miradas de azul/UN HOMBRE VIENE, CON UNA ESTRELLA EN EL CORAZON.»

reducción de ese mundo a percepción. Algo que, sin duda, señala una actitud diferente de la de Marinetti, un ansia de reafirmación de lo individual frente a esa dinámica total que es el mundo. Este replegarse es, en última instancia, negación misma de la propuesta entrega futurista.

Huidobro, con esa capacidad «mimética» que lo caracteriza, escribe a la manera de los poetas de la vanguardia francesa a poco de haber llegado a París. De modo casi mágico ha visto con particular clarividencia lo fundamental de la revolución estética que se opera en Europa. Lo que había intuido en América —la posición del poeta como creador de una realidad única— se materializa en poesía cuando llega a París.

HUIDOBRO Y EL CUBISMO

I

Cuando Huidobro escribía su *Adán* buscaba una armonía entre ciencia y poesía, entre conocimiento racional e intuición. La poesía se tornaba así en una celebración del mundo comprendido, aprehendido por la ciencia. Era, en verdad, una proyección del esfuerzo humano por asir la realidad objetiva. No se buscaba, como más tarde ocurriría, una explicación órfica del mundo, sino una intelección de sus leyes, provisionalmente veladas al hombre. Sin embargo, nada puede ser más opuesto a la noción creacionista, ya que si el poeta, cuando lo es verdaderamente tal, busca liberarse de la naturaleza, aun de la historia, para crear una realidad independiente de lo contingente, está apostando a una forma de verdad que el mundo físico no posee. Está apostando al infinito.

De tal modo, constantemente hallamos en Huidobro un choque de tendencias: por un lado, su fe en un conocimiento científico —su fe en la máquina, por ejemplo, como expresión del talento creador del hombre—; por otro, su convicción de que el arte debe crear su propia realidad, independiente de la naturaleza, libre de los constreñimientos del mundo fáctico. Huidobro trata en varias oportunidades de organizar esas dos tendencias en un todo armónico. Olvida entonces que la máquina es al fin *conocimiento* de las leyes físicas, pero no *creación*. En verdad, máquina y obra de arte pueden verse como

productos de dos estadios de un idéntico proceso psíquico, pero conducentes a resultados muy diferentes. De lo
contrario, habría que aceptar que el ingeniero también es
«un pequeño Dios».

Los problemas que encara Huidobro son comunes a
la vanguardia en general. Una vecindad temporal y de
amistad con algunos de sus exponentes más notables, pone
a Huidobro muy cerca del Cubismo. En efecto, aunque
el Cubismo nace como tendencia exclusivamente plástica,
propone también una liberación de las leyes naturales.
En su plano específico, niega la representatividad foto-
gráfica de la realidad, busca la unicidad de sujeto-objeto,
elude el artificio de la perspectiva, presenta, simultáneamente, perfiles que se establecen desde puntos de observación móviles. Es decir, propone la liberación total del
mundo objetivo tal como lo perciben nuestros sentidos.
Aún más, la pintura buscaba terminar el vasallaje que le
imponían los contenidos literarios. Pero es verdad que los
cubistas no llegan a un lenguaje que, carente de referencias figurativas, se acerque a la música. El Cubismo busca,
a su manera, un orden en el caos multiforme de la realidad. Juan Gris afirmaba:

> «Espero llegar a expresar con gran precisión una realidad
> imaginada con puros elementos del espíritu, o sea, en
> suma, a hacer una pintura inexacta y precisa; todo lo
> contrario de la mala pintura, que es exacta e imprecisa.» [1]

El Cubismo propone entonces una «relectura» del mundo
que los sentidos perciben y un nuevo lenguaje capaz de
expresar esa experiencia. Hay un rigor en tal actitud que

---

[1] Carta de J. Gris a D. Kahnweiler, citada en su obra sobre
el pintor: *Juan Gris*, Gallimard, París, 1946.

contradice el tipo de libertad sugerido por los propa-
gandistas de un arte abstracto. El Cubismo solidifica la
visión del mundo, le da peso, sustancia. Los cuerpos reto-
man la consistencia que Husserl y Bergson habían ero-
sionado. Braque, Picasso, Gris vuelven a palparlo todo,
aun el espacio. El uso del «papier collé» implica, en el
fondo, la irrupción de lo concreto en el espacio pictórico.
En 1907 Picasso ejecuta su primera gran obra cubista:
«Les Demoiselles d'Avignon». Es un grito de libertad.
Desde los griegos la representación de la figura humana
había tendido hacia moldes prescriptos que nos venían
de antiguas culturas mediterráneas. Picasso rompe con
una tradición nobilísima, pero tal vez ya agobiadora. Los
rostros también se modifican, se sintetizan en sus elementos esenciales. Planos de representación diversos se
ordenan en un espacio de solidez carnosa. Por cierto que
no puede hablarse aquí de abstracción absoluta. Hay abstracción como aspiración hacia un orden que posibilita,
como nunca se había hecho antes, una captura de lo
concreto.

Hay que insistir en el hecho importante de que Juan
Gris, por ejemplo, se mantiene en un plano de concre-
ciones, de relaciones tangibles con el mundo objetivo. Él
va de la «idea» al «objeto». Su noción de la «pureza» no
implica alienación de lo sensorial, viaje mallarmeano hacia
un orden seráfico. Gris escribe:

> «Cézanne de una botella hace un cilindro; yo, en cambio,
> parto de este cilindro para crear un individuo de tipo
> especial; de un cilindro hago una botella, una determinada
> botella. Cézanne va hacia la arquitectura, yo parto de ella.»[2]

---

2 Juan Gris: *Posibilidades de la pintura y otros escritos*,
Ediciones Assandri, Córdoba, Argentina, 1957, página 84.

Otros cubistas —Picasso, Braque—, tienden a una definición de la realidad objetiva que se presenta en su caos multiforme. La admiración que ellos sintieron por ciertas esculturas negras nos señala ese anhelo por llegar a elementos básicos que lograban individualizar lo general. Contrariamente a lo que buscaban los griegos, es decir, la generalización de lo individual.

Por lo tanto, puede afirmarse que la actitud cubista está determinada por dos movimientos espirituales que tal vez parezcan contradictorios: idealización y concreción. Idealización en un orden arquitectónico, así como las matemáticas idealizan, pero al mismo tiempo representan. Es decir, hay todavía comunicación con lo exterior al cuadro, sin llegar a la subjetividad pura, al solipsismo.

El Cubismo, de tal modo, rompe con el concepto tradicional de «realismo». Como lo indica Fernand Léger en su artículo de 1913 «Les origines de la peinture et sa valeur représentative»[3], el realismo meramente «visual» deja su lugar al realismo de «concepción». Una transformación semejante también se venía operando en las letras desde el siglo pasado. Corrientes como el «Naturalismo» y el «Simbolismo» señalan esas dos maneras de ver el mundo que Léger distingue para la pintura. El Cubismo se sitúa, pues, en un punto crucial de la historia del arte y, tal vez, más exacto sería decir, del hombre. No resuelve el conflicto, pero lo patentiza, lo dramatiza, lo impone con urgencia a nuestra cómoda aceptación de lo que solíamos llamar «realidad».

---

[3] Aparecido en *Montjoie*, periódico de vanguardia que editaba Ricciotto Canudo.

Huidobro propone en poesía algo similar al Cubismo, en tanto busca independizarse de visiones convencionales. Cuando quiere «crear» algo, revela su ansia de comunicar una experiencia única, allende el mundo físico. Pero Huidobro luchaba con un instrumento que el uso cotidiano desgasta y empobrece: la palabra. El uso de los ideogramas importa una confesión de derrota. Es afirmar que los vocablos por sí mismos no pueden expresar algo. Tienen que tornarse forma, sustituir a la línea, al dibujo. O bien los ideogramas son esto, o son meros artificios, juego banal que denuncia «modernidad», igual que ciertos arabescos designan lo barroco. Pero si bien la palabra envejece o renace, sujeta al cambio y al tiempo, la imagen poética ofrecía a Huidobro la posibilidad de crear esa nueva realidad, libre de las leyes impuestas por el mundo físico. En ese universo poético los ojos ven colores inaccesibles a la vista, los objetos «caen» hacia el cielo, las nubes se «remontan» hasta las entrañas de la tierra, lo tangible es intocable y asimos lo intagible. Pero si tales mutaciones invierten el orden de la realidad física, también la aceptan. De la misma manera que —1 presupone la existencia de +1. Huidobro no siempre se muestra seguro en su noción de «crear». Y ello indica, sin duda, la presencia de una transición difícil desde actitudes tradicionales hacia nuevas formas.

En su ensayo «El Creacionismo» [4] Huidobro nos sugiere, a manera de ejemplos de imágenes creacionistas, las siguientes:

> «El océano se deshace
> Agitado por el viento de los pescadores que silban.»

---

[4] *Op. cit.*, pág. 672.

O bien

«Los lingotes de la tempestad.»

La duda, la inseguridad a que aludimos más adelante se evidencia en estos ejemplos que él mismo selecciona. Los primeros versos no logran superar las nociones de Marinetti, ya que son «ampliación de analogías» y no «creación». El «viento de los pescadores que silban» se ha proyectado a huracán, pero las relaciones son las mismas que conocemos en el mundo físico. En el segundo ejemplo, por el contrario, se ha creado algo nuevo: «Tempestad» y «lingotes», tienen, aun fónicamente, una evidente acometividad, un agresivo empuje. «Lingote» sugiere «fragua», «calor», «incandescencia», fuerza liberada. La tempestad se ha definido y dramatizado, sin necesidad de llegar a lo retórico, a la anécdota. Todo acaece en esa imagen, ventana abierta a paisajes nuevos. Huidobro escribe:

> «El poema creacionista se compone de imágenes creadas, de situaciones creadas, de conceptos creados, no escatima ningún elemento de la poesía tradicional, salvo que en él dichos elementos son íntegramente inventados, sin preocuparse en absoluto de la realidad ni de la veracidad anteriores al acto de realización.» [5]

Esta concepción poética, de justeza innegable, no tiene siempre su correlativo en el poema que crea Huidobro, pues él lleva a sus espaldas el peso de una tradición. En otra parte de su ensayo «El Creacionismo» explica

---

[5] *Op. cit.*, pág. 674.

a su amigo, Thomas Chazal, el significado de su libro
titulado *Horizon carré* (1917):

«Horizonte cuadrado. Un hecho nuevo inventado por mí,
creado por mí, que no podría existir sin mí. Deseo, mi
querido amigo, englobar en este título toda mi estética, la
que usted conoce desde hace algún tiempo.

Este título explica la base de mi teoría poética. Ha con-
densado en sí la esencia de mis principios.

1. Humanizar las cosas. Todo lo que pasa a través del
organismo del poeta debe coger la mayor cantidad de su
calor. Aquí algo vasto, enorme, como el horizonte, se humaniza, se hace íntimo, filial, gracias al adjetivo CUADRADO.
El infinito anida en nuestro corazón.

2. Lo vago se precisa. Al cerrar las ventanas de nuestra
alma, lo que podía escapar y gasificarse, deshilacharse, queda encerrado y se solidifica.

3. Lo abstracto se hace concreto y lo concreto abstracto.
Es decir, el equilibrio perfecto, pues si lo abstracto tendiera
más hacia lo abstracto, se desharía en sus manos o se
filtraría por entre sus dedos.

Y si usted concretiza aún más lo concreto, éste le servirá
para beber vino o amoblar su casa, pero jamás para amoblar su alma.

5. Lo que es demasiado poético para ser creado se transforma en algo creado al cambiar su valor usual, ya que
si el horizonte era poético en sí, si el horizonte era poesía
en la vida, al calificársele de cuadrado acaba siendo poesía
en el arte. De poesía muerta pasa a ser poesía viva.[6]

Este pasaje ilustra con particular claridad los hábitos
mentales de Huidobro, así como su formación intelectual.
Los símiles con procesos físicos o químicos a que recurre
para explicar su concepto de la imagen poética nos re-

---

[6] *Op. cit.*, pág. 680.

cuerdan otra vez a Marinetti. En esencia, sin embargo, no
es difícil vincular sus ideas con las del Cubismo.

Más difícil es precisar hasta qué punto puede hablarse
de una literatura «Cubista». Tal vez esta denominación
sólo busque aludir a un grupo de poetas que escribían
con ideales afines, así como hoy aceptamos el término de
«metafísicos» para nombrar a aquellos poetas ingleses
del siglo XVII que compartían con singular deleite el uso
del «conceit». Si no aplicamos tal nombre a un tipo de
poesía particularizable, debemos aceptar que también
pueden considerarse «cubistas» los que compusieron novelas de caballerías, William Beckford con su *Vathek*,
los cultores del «roman noire», y todos los que cultivan
un género literario que libera la imaginación de los moldes impuestos por la lógica o por una convención. Pero
así visto el concepto de «Cubismo» se diluye, se volatiliza
hasta perder toda significación. Nos parece más útil retener como noción básica de «Cubismo» aquella nueva
visión del mundo que Picasso, Braque, Juan Gris, Fernand
Léger y otros propusieron. En el centro de la así llamada
literatura «cubista» suele considerarse a Guillaume Apollinaire, tal vez más que por su personalidad específica-
mente literaria por su relación de estrecha amistad con
esos pintores. Su libro *Les peintres cubistes* lo señala
como uno de los tempranos admiradores de ese movimiento, aunque no es siempre fácil vincular su poesía
con el «Cubismo». Apollinaire fue un enamorado de su
tiempo, el «Cubismo» como el «Futurismo» son manifestaciones de un momento de la civilización que él siente
le pertenecen para siempre. La Primera Guerra Mundial
en la que lucha, más que una gran tragedia es una gran
posibilidad de ver y conocer su tiempo:

«Il ne faudrait pas qu'une leçon aussi violente fût perdue.
Quoi de plus beau du reste que de chanter les héros et la
grandeur de la patrie.» [7]

Pero este Apollinaire que hacía tales declaraciones mientras se reponía de una herida recibida en el frente, es
sólo otra de las muchas identidades que en él conviven.
Junto con el patriota está el poeta, el profeta y también
el juglar. Por eso lo libresco se confunde con la experiencia inmediata, lo más moderno y sofisticado con lo
tradicional y popular, lo lúcido con las oscuridades del
subconsciente. Apollinaire representa más que una escue-
la una época. Sin embargo, su caracterización del «Cubismo» pictórico puede darnos nociones que ayudan a
definir un «Cubismo» literario verosímil.

«Le cubisme est l'art de peindre des ensembles nouveaux
avec des élémentes empruntés, non à la réalité de vision,
mais à la réalité de conception.

Il ne faudrait pas pour cela faire à cette peinture le reproche
d'intellectualisme. Tout homme a le sentiment de cette
réalité intérieure. Il n'est pas besoin d'être un homme
cultivé pour concevoir, par exemple, une forme ronde.

L'aspect géométrique qui a frappé si vivement ceux qui
ont vu les premières toiles cubistes venait de ce que la
réalité essentielle y était rendue avec une grande pureté et
que l'accident visuel et anecdotique en avait été éliminé.» [8]

---

[7] «Sería preciso que una lección tan violenta no se perdiese.
Qué de más bello, por otra parte, que cantar los héroes y la
grandeza de la patria.» Entrevista a G. Apollinaire, aparecida en
Sic números de agosto, septiembre y octubre, 1916, en un solo
volumen.

[8] «El cubismo es el arte de pintar conjuntos nuevos con
elementos tomados no de la realidad de visión, sino de la realidad
de concepción. No es por ello necesario hacerle a esta pintura
el reproche de intelectualismo. Todo hombre posee el sentimiento

No siempre es posible relacionar estas ideas con poemas como «Zone» o «La chanson du Mal-Aimé», a menos que nos detengamos en ese elemento de unicidad temporal, de simultaneidad allí presente, interesante testimonio de un ansia de totalidad en una edad de fragmentaciones, de atomizaciones, de crisis. Apollinaire parece renunciar a su individualidad en una celebración del mundo que lo integra con lo exterior, lo identifica y tal vez lo niega. En verdad, como si fuera tragado por su tiempo.

Por el contrario, Huidobro se atrinchera en «su» visión, se parapeta en «su» personalidad, se defiende de su tiempo. Su tiempo que es sólo intento, aspiración no satisfecha —«La poesía está por nacer en nuestro globo. Y su nacimiento será un suceso que revolucionará a los hombres como el más formidable terremoto»—. El «Cubismo» huidobriano se limita entonces a la libertad de la imagen. El de Apollinaire logra una fusión total de la experiencia humana. Huidobro transita en un solo tiempo, en un único instante; Apollinaire sintetiza todo un momento de la civilización. La «simultaneidad» de Apollinaire contrasta con la «atemporalidad» de la visión de Huidobro, particularmente en *Horizon carré* y *Poemas árticos*, su equivalente en castellano. De tal manera es posible vincular el «Cubismo» de Huidobro con el de Juan Gris ya que ambos se mueven en universos cerrados. Tal vez sea esa noción de extrañamiento, de soledad esencial

---

de esa realidad interior. No es preciso ser culto para concebir, por ejemplo, una forma redonda.

El aspecto geométrico que ha inquietado tan vivamente a quienes vieron las primeras telas cubistas, provenía de esa realidad esencial que allí se daba con una gran pureza y de la que se habían eliminado los accidentes visuales y anecdóticos.» *Les peintres cubistes*, Hermann, París, 1965, pág. 119.

la que otorga aquel tono recatadamente elegíaco a tantas
páginas de *Horizon carré:*

«Je ne pourrais plus chanter
On m'a volé mes chansons

Dans ma gorge
              reste un goût de mélodie

La bûche qui flambe
                était une flûte

Elle chante l'hiver
              parmi d'autres branches

Souvenirs des aïeux   La résignation courbée
      tiédissant   regarde le sol
      près du feu   qui se dérobe

DANS LE JARDIN
                SANS OISEAUX
      Le miroir d'eau
              s'est brisé [9]

La tristeza de esta visión invernal podría limitarse a una
circunstancia determinada, pero ella asoma en poemas
como «Rue», como «Arc Voltaïque» y tantos otros. Es
casi la nota dominante en el libro. Pareciera que en pos
de un ideal estético, Huidobro se ha cerrado en su ser
y en esa soledad aterida sólo encuentra colores opacos
para el mundo, tal vez los mismos colores del primer

---

[9] «Ya no podré cantar más/Me han robado mis canciones/En
mi garganta queda un sabor de melodía/El leño que arde era
una flauta/Canta el invierno entre otras ramas/Recuerdos de
abuelos que se entibian junto al fuego/La resignación encorbada
contempla el suelo que se escapa/EN EL JARDIN SIN PAJAROS/
El espejo de agua se ha quebrado.» *Op. cit.*, pág. 270.

«Cubismo». Visión austera de la realidad que tanto con-
trastaría con la alegría creadora que habita, por ejemplo,
en «Los tres músicos» (1921), de Picasso. Para nosotros,
verdadera culminación de la búsqueda cubista. Tal vez
nada defina mejor el tono que prevalece en *Horizon carré*
que este breve poema:

Ame

Quelque chose frôle le mur
Mais l'âme qui pourrait naître
N'a pas d'yeux

Celle qui cherche une porte
                              Demain regardera
Le bruit de ses pas
                         S'est noyé dans le tapis
On ne trouve pas
Dans la vie
Il y a quelque fois un peu de soleil

ELLE VIENDRA
ON L'ATTEND [10]

Pero he aquí uno de los logros más notables de Huidobro.
El material poético que emplea no se ha tornado en fría
construcción de cristal. Los sentimientos están vivos en
todo el libro, sólo que ellos traen una nueva dialéctica,
una refrescante economía. El peligro de una poesía de
imágenes puramente visuales, grave riesgo del posterior

---

[10] «*Alma*. Algo roza el muro/Pero el alma que podría nacer/
No tiene ojos/La que busca una puerta/Mañana verá/El ruido
de sus pasos/Se ha ahogado en la alfombra/No se encuentra/En
la vida/A veces hay un poco de sol/ELLA VENDRA/LA ESPE-
RAMOS.»

Ultraísmo, está aquí conjurado. Huidobro ha sido fiel a su principio de «humanizar las cosas» a pesar de la confusión en que caía al escribirle a su amigo Thomas Chazal. Es evidente que la palabra «cuadrado» en el título de su libro individualiza, particulariza ese horizonte, pero no lo humaniza, no lo hace íntimo; lo torna, por el contrario, más abstracto y aún más remoto; más geométrico que visceral. Sin embargo, el libro todo trasunta una emoción sabiamente controlada. Huidobro había encontrado su manera; se había encontrado en una forma que le permitiría expresarse por muchos años.

II

No puede sorprender que la hermandad que señalamos entre la poesía de Huidobro de esta época y la pintura de Juan Gris nos ponga en contacto directo con otras relaciones literarias; fundamentalmente con Pierre Reverdy, cuya poesía debe también vincularse a los experimentos pictóricos del momento. Es difícil precisar hoy cuánto corresponde a cada uno como contribución original a esta poesía «Cubista». Tal vez Reverdy es el primero en buscar la composición poética en ese angustiado territorio donde los objetos se ven, se tocan, se nombran y se sienten como presencias ominosas, como advertencias de algo inalcanzable y recóndito. Reverdy sugiere una forma de trascendencia originalísima. Su poesía es por ello compleja y hasta hermética. No busca lo oscuro, como Max Jacob, en pos de la creación de un objeto totalmente ajeno a nuestra experiencia y, por lo tanto, quizás monstruoso, un irritante que pone en movimiento nuestra

existencia aletargada. Reverdy parece deslizarse entre lo
onírico y lo concreto, o bien suspenderse en una atmósfera neblinosa y opaca; un sueño de anestesia, una lucidez
de éter.

Es útil referirnos a ciertos poemas de Reverdy que
datan de 1915 y que prefiguran los que seguirían en 1916.
Por ejemplo, «Le voyageur et son ombre», uno de sus
Poèmes en prose: [11]

> «Il faisait si chaud qu'il laissait au courant de la route tous
> ses vêtements un à un. Il les laissait accrochés aux buissons.
> Et, quand il fut nu, il s'approchait déjà de la ville. Une
> honte immense s'empara de lui et l'empêcha d'entrer. Il
> était nu et comment ne pas attirer les regards? Alors il
> contourna la ville et entra par la porte opposée. Il avait
> pris la place de son ombre qui, passant la première, le
> protégeait.» [12]

Aquí ya está presente ese trato tan singular de la realidad
que es la textura misma de los poemas de Reverdy. Toda
distinción entre sueño y vigilia es imposible. Viajero y
sombra se identifican y tal unión es tal vez imagen de un
ansia de identidad que el hombre busca en sí mismo. Un
inquirir acerca de nuestra verdad más íntima. Tomemos

---

[11] Véase *Plupart du temps* (1915-1922). Vols. I y II, Gallimard,
París, 1969.

[12] «El viajero y su sombra.» «Hacía tanto calor que dejaba
a lo largo de su ruta todas sus vestiduras, una a una. Las dejaba
prendidas de los arbustos espinosos. Y, cuando estuvo desnudo,
ya se aproximaba a la ciudad. Una vergüenza inmensa se posesio-
nó de él y le impidió entrar. Estaba desnudo, ¿cómo no atraer
las miradas? Entonces, rodea la ciudad y entra por la puerta
opuesta. Había tomado así el lugar de su sombra que, pasando
primero, lo protegía.»

otro poema en prosa de la misma colección «La saveur
du réel».

«Il marchait sur un pied sans savoir où il poserait l'autre.
Au tournant de la rue le vent balayait la poussière et sa
bouche avide engouffrait tout l'espace.
Il se mit à courir espérant s'envoler d'un moment à l'autre,
mais au bord du ruisseau les pavés étaient humides et ses
bras battant l'air n'ont pu le retenir. Dans sa chute il
comprit qu'il était plus lourd que son rêve et il aima,
depuis, le poids qui l'avait fait tomber.»[13]

Visión onírica que nos transporta a otra dimensión de
lo «real», allende la experiencia cotidiana. Reverdy poetiza un territorio desconocido y, sin embargo, inmediato
a nosotros. Mallarmé, quien tal vez buscaba en países
afines, es demasiado remoto, vive en la lejanía del semi-
dios.

Los poemas que Reverdy escribe a continuación
—*Quelques poèmes* (1916)— han absorbido esa cualidad
delicadamente inquietante, ese sabor crepuscular. Como
en el cubismo sintético de Gris, la realidad irrumpe a
veces brutalmente.

«Mon doigt saigne
Je t'écris
Avec
Le règne des vieux rois est fini
Le rêve est un jambon

---

[13] «El sabor de lo real.» «Marchaba sobre un pie sin saber
dónde apoyaría el otro. En la esquina de la calle el viento barría
el polvo y su boca ávida tragaba el espacio todo. Echó a correr
esperando remontarse de un momento a otro, pero, al borde
del arroyo las piedras estaban húmedas y sus brazos batían el
aire sin lograr retenerlo. En su caída comprendió que era más
pesado que su sueño, y amó entonces al peso que lo hizo caer.»

Lourd
Qui pend au plafond
Et la cendre de ton cigare
Contient toute la lumière.» [14]

Percepción y meditación aquí se unifican. Toda la evidencia de lo real ha quedado en la forma, pero esos objetos nombrados no se han despojado de ese insalvable anonimato a que los condena la visión del poeta. Los elementos de esta poesía reverdiana están también presentes en algunas composiciones de *Horizon carré* y en casi todos los *Poemas árticos*, de Huidobro. Se frecuenta un lenguaje afín, se repiten ciertas imágenes y toda esta experiencia poética se desarrolla en ámbitos comunes. Sin duda, que el cubismo pictórico ha condicionado la poesía francesa de estos años. Casi siempre, la percepción sensorial inmediata y un tanto caótica se organiza en torno a un centro emocional que otorga unidad a esos conjuntos abigarrados. Como ya ha sido señalado [15], son composiciones que poseen cierta cualidad de naturalezas muertas. No hay acaecer, anécdota, como le gustaba decir a Reverdy, y el tiempo se ha detenido en imágenes que parecen suspendidas en las nieblas del ser, oscuro y problemático. En tal sentido, posiblemente no haya poesía que mejor proyecte esos estados de conciencia en que hombre y mundo parecen habitar un espacio y un tiempo de alucinadas opacidades. Una suerte de pensar elemental,

---

[14] «Mi dedo sangra/Te escribo/Con/El reinado de los viejos reyes ha terminado/El sueño es un jamón/Pesado/Que cuelga del techo/Y la ceniza de tu cigarro/Contiene toda la luz.» P. Reverdy, *Op. cit.*, Vol. I, pág. 69.

[15] Por M. Raymond en *De Baudelaire au Surréalisme*, Corti, París, 1966.

como debe haber contemplado la «realidad» el primer hombre. Un pensar anterior a la memoria.

Horizon carré ofrece notas evidentemente «cubistas», pero éstas reaparecen con plenitud y en español en *Poemas árticos* (1918):

> «Yo miro tu recuerdo náufrago
> Y aquel pájaro ingenuo
> Bebiendo el agua del espejo.» [16]

O bien

> «Sobre la mesa
>   el abanico tierno
> Un pájaro muerto en pleno vuelo
> ....
> En el jardín ignorado
>   alguien pasea
> Y un ángel equivocado
> Se ha dormido sobre el humo de la chimenea.» [17]

Tanto en Huidobro como en Reverdy parece existir un afín sentimiento del mundo. Hay repetidas menciones de puertas que permanecen cerradas o que se abren para dar a insondables oscuridades, de pájaros ciegos o muertos o perdidos, de crepúsculos y sombras, de raros soles ateridos que brillan en un aire de inminencias inquietantes, de soledades que habitan espacios atestados de objetos casi siempre incomprensibles. He aquí dos poemas que pueden definirnos esta poesía: «Départ», de Reverdy:

---

16 V. Huidobro, *Op. cit.*, pág. 308.
17 *Op. cit.*, pág. 309.

L'horizon s'incline
Les jours sont plus longs
Voyage
Un coeur saute dans une cage
Un oiseau chante
Il va mourir
Une autre porte va s'ouvrir
Au fond du couloir
Où s'allume
Une étoile
Une femme brune
La lanterne du train qui part.» [18]

«Cenit», de Huidobro:

«Lejos de los llanos oblicuos
Las campanas cantando sobre el cenit

Ayer crucificado en !a neblina
Pasé días y días
                    con los brazos abiertos
Entre los barcos que se iban
Donde no encontraré mis huellas

ALGO ME ENCIERRA POR LOS
                              CUATRO COSTADOS
La noche

El sacristán equivocado
                    que apagó las estrellas
Rezaba entre las vírgenes de cera.» [19]

---

[18] «El horizonte se inclina/Los días son más largos/Viaje/Un corazón salta en una jaula/Un pájaro canta/Va a morir/Otra puerta se abre/Al fondo del corredor/Donde se enciende/Una estrella/Una mujer bruna/El faro del tren que parte.»

[19] *Op. cit.*, pág. 320.

Aunque ambos poetas se acercan a atmósferas similares hay que reconocer que hay diferencias sustanciales. Reverdy está en el centro mismo del grave problema existencial de Occidente: el dualismo entre mundo e individuo. Incapaz de huir en pos de un universo platónico como el que habitó Mallarmé, Reverdy transita un espacio poblado de objetos extraños, de árboles que no conocemos, de pájaros que son enigmas, de calles y gentes y lugares siempre remotos y ajenos: están allí, frente a nosotros, pero son inalcanzables, son lo «otro». Tal visión, que más tarde no será desconocida ni a Roquentin ni a Meursault, no deja lugar para el «yo»; de allí las repetidas terceras personas y, a veces, la impersonalidad de los poemas. Es decir, como si este lirismo fuera no reafirmación del «yo», sino más bien su búsqueda.

En Huidobro, por el contrario, el centro es el poeta. El mundo siempre toma una naturaleza más positiva, más tangible. Huidobro no se halla en una espiritualidad que es estado, sino que vive una realidad de experiencia sensorial y de elaboración intelectual en la que aún pueden verse los vestigios de los procesos lógicos que determinan las imágenes. No existe en igual medida ese comercio con lo onírico que es central en la poesía de Reverdy. Sin duda, a esta diversidad de concepción y de temperamento es atribuible que siguieran rumbos tan diferentes.

CREACIONISMO Y ULTRAÍSMO

No sin aprensión se usan aquí tales rótulos, ya bastante descoloridos por el tiempo. Es imposible establecer diferencias entre estas denominaciones, como no sean distinciones apoyadas en rasgos individuales de temperamento y de sensibilidad, es decir, como podrían señalarse entre poetas, sin abarcarlos en movimientos. Sin embargo, como esos nombres son parte de nuestra historia inmediata, tal vez no sea del todo vano intentar referirlos a logros poéticos concretos. Ambos nombres aluden a liberación y a disputa, a lucha con el pasado inmediato y con la tradición, con el designio de hacer una poesía que sea reafirmación de nuestra libertad. Para ello, la imagen poética —decían— debe desembarazarse de contenidos usuales, de símiles comunes, de los gestos retóricos, y así posibilitar una visión renovada del mundo y del hombre.

En español todas estas búsquedas afanosas comienzan en nuestro siglo con la obra de Ramón Gómez de la Serna. Él es el iniciador más vigoroso, sin duda, una de las mentes más libres y clarividentes que diera España en el pasado inmediato. Pertenece en espíritu al cosmopolitismo modernista. No en sentido superficial y formal, sino en su actitud de recepción, de apertura hacia otras culturas, manera única de devolver España a esa Europa que con tanto contribuyó a formar. El espíritu «vanguardista» rebasa las fronteras nacionales, es esencialmente internacionalista. Gómez de la Serna siguió, desde sus comienzos a movimientos tales como el futurismo y el cubismo. Desde 1911 compone sus greguerías. La primera colección aparece en 1913 en su libro *Tapices*. La greguería marca la iniciación de lo que más tarde sería la imagen creacionista o ultraísta. Guillermo de Torre y Gloria Videla [1] ya señalaron esta vinculación importante. De ciertas greguerías es muy fácil pasar a los «hai kai». Hay greguerías que se sostienen en un deleite puramente adjetivo, otras que en su economía y compresión aluden a hondos interrogantes existenciales. Pero en su aparente gratuidad siempre tocan algún punto sensible, desequilibran nuestro acatamiento del mundo. Gómez de la Serna se llama a sí mismo «observador de lo ínfimo y de lo instantáneo». Citando a Chesterton nos recuerda que «El telescopio empequeñece el universo. Es el microscopio el que lo agranda». La greguería renueva así nuestra visión y modifica nuestra relación con las cosas. La realidad se postula en una insospechada relación entre hombre y objetos, y entre objetos entre sí. O, para decirlo con sus propias palabras,

> «Son el arte de la sensación sutil para que vean los del futuro que hemos vivido después de todo las mismas sensaciones confidenciales que ellos vivirán. Esto es lo más que se puede conseguir de la llamada inmortalidad.» [2]

Este pasaje que citamos nos pone, por otra parte, frente a un problema existencial básico en Gómez de la Serna. Su literatura es una suerte de subterfugio, un trabajo de ilusionista, un malabarismo de la palabra que enriquece

---

[1] Véase *Historia de las literaturas de vanguardia*, Madrid, 1965, págs. 541, y el libro de Gloria Videla *El ultraísmo*, Madrid, 1963, págs. 15 y sig.

[2] Ver R. Gómez de la Serna, *Antología*, Buenos Aires, 1955, página 145.

nuestra vida con la observación de hechos, fenómenos, cosas, que en algo avivan nuestra vigilia; que en algo demoran nuestra disolución final, irremediable. Pero que no pueden sino demorarla, pues ella pesa sobre nuestros actos como un inmenso interrogante, como una disputa sorda e insidiosa a nuestro ser.

La greguería no es otra cosa que la imagen poética. Sólo que detrás de ese nombre hay una protesta, un alegato por la final liberación de la poesía de aquello que llamamos lo «Bello», con mayúsculas, y la búsqueda de un acercamiento más riguroso hacia el mundo. Gómez de la Serna postula una rebelión contra toda literatura que es mera idealización de la experiencia humana. La greguería es una suerte de escalpelo que rompe las antiguas gasas vaporosas para llegar a inquietantes formas de la verdad. Es decir, lo poético abre su ámbito inmensamente y conquista nuevos territorios: el humor, la ironía, lo grotesco. Pero no debemos confundirnos porque la desesperación se resuelva en sonrisa o en franca risotada antes que en llanto o pena inevitablemente inútil. Decir, por ejemplo, «Claro de luna: el paisaje en camisa» es renunciar a una sola dimensión de lo poético. Es entrar en el mundo de Jarry, de los dadaístas y, en otro sentido, importa anticipar aspectos de poesía que habrían de revelarse mucho más tarde en obras como las de Nicanor Parra. Las greguerías son, entonces, alegatos vivientes por la libertad de la metáfora. Se cumple así aquello de «ampliar las analogías» que proponían los futuristas, pero ya los nexos entre los términos disimilares son de tal amplitud o tal concentración que poseen una carga tremenda de significaciones.

Desde

«La gaviota rema en su vuelo.»

relación directa, comparación de movimientos y vaga alusión a los hábitos marinos del ave, a

«Búho: gato con plumas.»

que ya importa una transformación del objeto señalado, una trasmutación de identidades entre los dos animales de comunes costumbres nocturnas y de ojos extrañamente similares, a

«Muelle: rúbrica del acero.»

que involucra formas y una sugerida personificación, hasta

«Cuando tenemos descosida la manga y metemos el brazo entre forro y tela, nos extraviamos por el camino de los mancos.»

donde lo un tanto grotesco asume una ominosa cualidad de interrogante existencial —algo que anticipa el mundo inquietante de los ciegos de Ernesto Sábato y sigue de cerca a cierto Reverdy— [3], tenemos innumerables matices y planos de comparación. Dos términos aparentemente sin relación posible se iluminan recíprocamente, se modifican por imperio de una vecindad insospechada. La greguería nos trae al centro mismo de lo que habrá de

---

[3] Deliberadamente cito estos tempranos ejemplos de greguerías. Tal vez sería más exacto sugerir que Reverdy seguía a este precoz Gómez de la Serna.

llamarse más tarde ultraísmo. La metáfora ultraísta ya existía en las inocentes comparaciones de Gómez de la Serna.

Hay una diferencia importante entre Gómez de la Serna y los posteriores ultraístas. Este llega a la greguería como a una forma de la salvación. Aquéllos no parecen conscientes de aflicciones espirituales. Este elige, toma partido: aquéllos se entregan a un frenesí verbal, pero no por imposición filosófica. Para Gómez de la Serna la greguería es un antídoto equiparable a lo que el ajedrez es para Marcel Duchamp: anclas frágiles en un caos devorador. Pedro Salinas habla del humorismo de Gómez de la Serna como de una «Terrible forma evasiva del dolor y, desprovista de toda frivolidad y espuma de superficie, revelará en el fondo el más dramático conflicto humano: la lucha del hombre solo e inerte por no estar al margen... en suma, por ser».[4] Por el contrario, el ultraísmo carece de ambición filosófica, no es visión. Es mero gesto. Una vez que la novedad de las imágenes ha sido superada, el poema ultraísta se vacía. De ahí que como movimiento tenga un valor histórico antes que estrictamente literario. Los ultraístas documentan, a veces dramatizan, una búsqueda. Es difícil aceptar que atestigüen logros. Gloria Videla ha visto esa deficiencia grave, pero no se ha detenido en ella: «Veremos que el ultraísmo se caracteriza entre otras cosas por el culto de la imagen, por la tendencia a la evasión y al juego, la exclusión del mundo sentimental y heroico, el logro ingenioso, *la intrascendencia del arte*, el humorismo»[5].

---

4 Citado por Gaspar Gómez de la Serna en *Ramón (Vida y obra)*, Madrid, 1963, pág. 119.

5 Gloria Videla, *Op. cit.*, pág. 20. El subrayado es nuestro.

Huidobro, sin embargo, hace un acto de fe en el poema. Para él el poema es una forma de liberación y el poeta es el ser elegido. No porque apueste a una manera de trascendencia, sino porque el poeta en su estado de «superconciencia» [6] penetra la realidad hasta honduras vedadas a los no creadores. Es esa fe la que sostiene a Huidobro durante toda una vida. Es decir, por caminos diferentes Gómez de la Serna y Huidobro buscan independencia de lo convencional y una vulneración de lo aceptado.

Los ultraístas se entregan a una delectación metafórica un tanto casual y hasta deportiva. Tal vez es esa carencia de centro ético, de apoyo, la que los urge a una captación del instante, a un aprisionamiento del minuto único, irrepetible. Como no asoman fácilmente categorías morales fundamentales, quedan los poemas en testimonio de sensaciones, de impresiones que asumen formas caprichosas: refracciones de innumerables abalorios. Unamuno, Jiménez, A. Machado, etc., nos proponen un mundo de resoluciones éticas. Los ultraístas parecen proponernos evasiones. Poesía menor por ello, pero no exenta de alguna eficacia formal.

Un examen de algunos poemas ultraístas puede dar idea cabal de las aspiraciones del grupo. A nuestro entender, ellas están dentro de lo que Marcel Raymond distingue como posfuturismo, aunque es verdad que algunos poemas podrían figurar en cualquier antología del primer futurismo italiano. Por ejemplo, el poema «Atmósfera», de Guillermo de Torre.

> Nubes gimnásticas
>   sobre el trapecio atmosférico.

---

[6] Ver V. Huidobro, *Op. cit.*, pág. 664.

En las arterias pleonéxicas
fluyen los glóbulos fabriles.

Estampa del siglo XX.

Absorto ante un facistol
        yo admiro el lirismo del voltámetro.
Focos   Impulsos
   La pleamar multitudinaria
        abraza con sus tentáculos
        la vida sádica.

En la fonda de las dínamos
        se forjan los espasmos
        hiperespaciales.

En las avenidas multiformes
        aflora la rosa tentacular.

Con la brújula del sol en mi mano
        descubro trayectorias inmaculadas.

        Era porvenirista
        formada de copos atmosféricos.

Y del horizonte dinámico
cae la forma plenisolar.

El uso de vocablos como «gimnásticas», «pleonéxicas», «voltámetro», «hiperespaciales», etc., nos retrotrae al primer futurismo. El poema es, confesadamente, una «estampa del siglo XX». Tal vez haya una tímida sugerencia de condenación de este siglo en «La pleamar multitudinaria abraza con sus tentáculos la vida sádica». El poema se lee con dificultad. Las palabras escogidas evocan las disonancias del tráfago cotidiano e industrial. El poema repele, como repele el fragor de las máquinas.

Tal vez en esas discordancias esté su posible justificación. En «Cabaret», de Eugenio Montes se lee:

> El peine trenza los violines.
> Para jugar al *foot ball*
> los bailarines buscan la pelota
> que nunca lanzarán.
> Linternas sordas
> se ocultan en los zapatos charolados.
> Las risas taladran el aire.

Tiene similar cualidad de «estampa», de captación de un efímero momento. No tan fríamente construido, he aquí otro poema de Montes.

> El día redondo se esconde en mi bolsillo.
> Ningún arpista pulsa la lluvia.
> Los recuerdos que caen de los árboles
> y las horas ahorcadas trémulas en el aire.

Este breve poema es más afín en sensibilidad y en tono al de Huidobro y de los creacionistas que siguieron a aquél: Gerardo Diego y Juan Larrea. Una línea como «las horas ahorcadas trémulas en el aire» despierta ecos de *Poemas árticos*, de Huidobro. Alude a una tristeza de pájaros ciegos, de «alas olvidadas». Precisamente por esa dimensión emocional que posee, Eugenio Montes logra a veces resistirse al deslumbramiento ultraísta. «Carnaval en el cielo», de Isaac del Vando Villar, es una verdadera colección de imágenes ultraístas, suavemente tocadas por un aire de ironía:

> Los Ángeles han lanzado al Poniente
> todas las serpentinas que la tarde tenía.

El Astral Bastonero
con su mano invisible
ha dejado caer sobre el azul del mar,
para que los peces le alaben
la piñata encendida del sol.

La luna, con su cara empolvada,
se mira a un mismo tiempo
en todos los espejos de los ríos.
Y la araña de las cien mil estrellas
ilumina la frente de todos los poetas.

En «Tarde perdida», de Eduardo de Ontañón, hay una típica identificación entre un campanario y un termómetro.

Por el campanario arriba
el termómetro del día
— 15...   20—.
            Va marcando
la torre todos sus pasos

            De unos alambres
            se columpia la tarde

    Y el mercurio sube,
pero nadie se da cuenta del peligro

    Ya una campana se estremece
sin poder contenerse

    Y toda la tarde estalla,
bomba de goma
malograda

En la metáfora ultraísta sólo se capturan sensaciones, percepciones fugaces de una realidad siempre exterior. Fogonazos, reflejos, artificios. Y el ser del poeta, su interioridad, su vida más profunda se diluye en ese torbellino de sensaciones o en la búsqueda —casi un juego— de identidades entre términos disimilares. Tal vez estos poemas que citamos sólo valgan como meras ilustraciones de un momento de búsqueda creadora. Para nosotros poseen un valor documental antes que estético. Mucho más importante, Gerardo Diego es quien mejor ejemplifica el paso gradual del creacionismo huidobriano al ultraísmo en su libro *Imagen. Poemas* (1918-1921). Allí Gerardo Diego logra poemas de perfección singular, anticipando formas surrealistas. El poema siguiente, «Lámpara», es evocador del Huidobro de *Poemas árticos* y, consecuentemente, nos remite al Reverdy de *Plupart du temps:*

> AZULEJOS
> sobre el regazo de los tiempos
>
> La lámpara florece
>   todos los inviernos
>
> De su carne rosácea
> brota el aroma de los sueños silvestres
>
> Un ave infatigable
> abre su vuelo en círculos concéntricos
>
>   Algún ídolo roto
>   se duerme en un rincón
>
> Y el péndulo ahorcado
> toca con los pies en el suelo

Poema que posee una especial cualidad que lo hace resistente a disecciones racionales. Por momentos recuerda un paisaje de Dalí. Es un territorio extraño el que poetiza Gerardo Diego. Los azulejos parecen aludir a una forma de percepción de lo concreto, pero real y evidente a través del color, de su brillo. Color y brillo que acaece en el tiempo, tal vez por ello «sobre el regazo de los tiempos» ya que el tiempo se resuelve en tiempos individuales, en percepciones únicas. La lámpara es equiparable a lo que percibe, a la mente, cuya capacidad de fabulación y ensoñación hace brotar «el aroma de los sueños silvestres». En ella hay un incansable dinamismo quizás muy aptamente sugerido por el indetenible vuelo de un ave. Luego hay una alusión a la memoria, al pasado, al «ídolo roto». «El péndulo ahorcado» que «toca con los pies en el suelo» indica vagamente algo inquietante y señala un retorno a lo concreto, de donde partimos, a los azulejos. Es verdad que el poema podría leerse de otro modo. Como una descripción simple y directa. Pensemos en un café con un ventilador funcionando en el cielo raso y una lámpara apagada —ahora es verano— cuya pantalla rosada muestra un paisaje rural. En un rincón hay una vieja estatua mutilada y el péndulo de un reloj de pie desvencijado llega hasta el suelo. Sin embargo, si una fotografía nos ayudase a llegar a una intelección tal del poema lo habríamos empobrecido hasta tornarlo insignificante. Aquello que lo hace activo y válido es que toca ciertas profundidades, penetra ciertas oscuridades. Su eficacia está en su ambigüedad. Tal polivalencia es lo que encontramos en tantos poemas «árticos» de Huidobro. Pero debe apreciarse la similar trabazón metafórica, la idéntica textura. De igual modo, un «hai kai» como «Guitarra» combina en su brevedad varias tendencias presentes en diversas manifestaciones de vanguardia:

Habrá un silencio verde
todo hecho de guitarras destrenzadas

La guitarra es un pozo
con viento en vez de agua

Fruto de una idéntica necesidad —ya que no siempre
hubo comunicación directa—, en Iberoamérica soplan
vientos renovadores. En Colombia León de Greiff desde
las páginas de *Panida* ensaya formas nuevas. José Juan
Tablada, de México, publica *Un día...* (1919), libro mal
conocido en el continente, pero que posee los elementos
que más tarde habrían de llamarse ultraístas. César Vallejo rebasa el ultraísmo con *Trilce* (1922) y aporta uno
de los más valiosos antecedentes al surrealismo. En Bra-
sil nace el modernismo en 1924, movimiento que contribuye decisivamente a una renovación total de la poesía
en portugués.[7] Dentro de esa revolución formal hay innumerables actitudes. Entre los ultraístas es casi siempre
discernible cierto escepticismo. El argentino Oliverio
Girondo, autor de *Veinte poemas para ser leídos en el
tranvía* (1922), explica la naturaeza de su acto creador
en palabras válidas para muchos otros poetas del momento:

«Lo cotidiano, sin embargo, ¿no es una manifestación
admirable y modesta de lo absurdo? Y cortar las amarras
lógicas, ¿no implica la única y verdadera posibilidad de
aventura? ¿Por qué no ser pueriles, ya que sentimos el
cansancio de repetir los gestos de los que hace 70 siglos
están bajo la tierra? Y ¿cuál sería la razón de no admitir
cualquier probabilidad de rejuvenecimiento? ¿No podríamos
atribuirle, por ejemplo, todas las responsabilidades a un

---

7 Una comparación, por ejemplo, entre Drummond de Andra-
de y Apollinaire revelaría algo más que una proximidad formal.

fetiche perfecto y omnisciente, y tener fe en la plegaria o
en la blasfemia, en el albur de un aburrimiento paradisíaco
o en la voluptuosidad de condenarnos? [8] ¿Qué nos impe-
diría usar de las virtudes y de los vicios como si fueran
ropa limpia, convenir en que el amor no es un narcótico
para el uso exclusivo de los imbéciles y ser capaces de
pasar junto a la felicidad haciéndonos los distraídos? Yo,
al menos, en mi simpatía por lo contradictorio —sinónimo
de vida— no renuncio ni a mi derecho de renunciar, y
tiro mis *Veinte poemas*, como una piedra, sonriendo ante
la inutilidad de mi gesto.» [9]

Esta actitud, cuya raigambre es dadaísta, no es distinta
de la de Gómez de la Serna. Ella afecta, condiciona una
forma de ver el mundo, inaprehensible y fugitivo, amoral
y caótico. Quizás de valor más duradero, he aquí un poema de Girondo:

Apunte callejero

«En la terraza de un café hay una familia gris. Pasan
unos senos bizcos buscando una sonrisa sobre las mesas.
El ruido de los automóviles destiñe las hojas de los árboles. En un quinto piso, alguien se crucifica al abrir de
par en par una ventana.

Pienso en dónde guardaré los quioscos, los faroles, los
transeúntes, que se me entran por las pupilas. Me siento
tan lleno que tengo miedo de estallar... Necesitaría dejar
algún lastre sobre la vereda...

Al llegar a una esquina, mi sombra se separa de mí,
y de pronto, se arroja entre las ruedas de un tranvía.» [10]

---

[8] La voluptuosidad de Baudelaire, por ejemplo.

[9] Carta escrita desde París en diciembre de 1922 e incluida
en algunas ediciones de *Veinte poemas...* a manera de prólogo.

[10] Ver Oliverio Girondo, *Veinte poemas para ser leídos en
el tranvía*, Buenos Aires, 1966, pág. 18.

Girondo sostiene sus poemas en su sinceridad avasalladora. Como el poeta siempre tiene algo importante que decirnos, lo formal nunca es meramente artificioso y así consigue una feliz adecuación de ritmo y discurso. También en el libro que comentamos, «Croquis en la arena» es tal vez un ejemplo más obvio de poesía ultraísta. He aquí algunas imágenes:

> «La mañana se pasea en la playa empolvada de sol.»

> «Al tornearles los cuerpos a las bañistas, las olas alargan sus virutas sobre el aserrín de la playa.»

> «El mar..., ritmo de divagaciones. ¡El mar! con su baba y con su epilepsia.»

> «¡El mar!... hasta gritar ¡BASTA! como en el circo.»

Así se ve, pues, que tanto creacionistas como ultraístas recurren a técnicas idénticas. Los grados de participación emocional son atribuibles a temperamentos antes que a una toma de principios más o menos colectiva. El poema creacionista o ultraísta debe mucho a las teorías de simultaneidad avanzadas por el cubismo, el futurismo, el montaje cinematográfico, etc., y cuya culminación podría verse en el *Ulysses*, de James Joyce, y en *The Waste Land*, de T. S. Eliot, obras aparecidas en 1922. Nombres tan dispares como los de Gómez de la Serna, Huidobro, Girondo, Eliot, atestiguan un mismo arribo a una forma nueva de percepción. Como todo arribo —ahora lo sabemos—, importó asimismo una partida. Pero hubo un instante en que un común desaliento pareció poseer a estos poetas. Tal vez esa actitud los defina mejor que las envejecidas novedades metafóricas con que sorprendieron. T. S. Eliot ha fijado ese momento para siempre:

«What are the roots that clutch, what branches grow
Out of this stony rubbish? Son of man,
You cannot say, or guess, for you know only
A heap of broken images, where the sun beats,
And the dead tree gives no shelter, the cricket no relief,
And the dry stone no sound of water. Only
There is shadow under this red rock
(Come in under the shadow of this red rock),
And I will show you something different from either
Your shadow at morning striding behind you
Or your shadow at evening rising to meet you;
I will show you fear in a handful of dust.» [11]

---

[11] Tomado de *The Waste Land*, Londres, 1922. «¿Cuáles son las raíces que se agarran, cuáles las ramas que crecen/de estos escombros? Hijo de hombre,/no puedes decir o conjeturar, porque sólo conoces/un montón de imágenes rotas, golpeadas por el sol/y el árbol muerto no da reparo, el grillo no da alivio,/la piedra seca no da señal de agua. Sólo/hay sombra bajo esta roca roja,/(ponte bajo la sombra de esta roca roja),/y te mostraré algo distinto de/tu sombra que de mañana te sigue a pasos largos/o de tu sombra que de tarde se levanta para ir a tu encuentro;/te mostraré miedo en un puñado de polvo.» Para Eliot tal fragmentación es imagen de un mundo estéril que ha vuelto sus espaldas a Dios. Es decir, una visión que importa en sí misma una sanción moral. Esto ya había sido señalado también por nuestro Ortega y Gasset.

HUIDOBRO Y EL SURREALISMO

Hay un evidente dualismo de comportamiento en Huidobro frente al surrealismo. Por un lado, sus ensayos críticos que lo condenan, por otro, sus poemas que a veces en nada difieren de algunas composiciones de aceptado corte surrealista. En general, Huidobro no parece advertir que en muchos sentidos, tanto su creacionismo como el surrealismo invocan idénticos principios de libertad y se acercan a resultados similares.

En «Manifiesto de manifiestos» el rechazo de Huidobro se basa en que el *Primer manifiesto surrealista* propone al automatismo psíquico como móvil central en el proceso de creación. Pero oigamos a Bretòn:

> «SURREALISMO: sustantivo, masculino. Automatismo psíquico por cuyo medio se intenta expresar, verbalmente, por escrito o de cualquier otro modo, el funcionamiento real del pensamiento. Es un dictado del pensamiento, sin la intervención reguladora de la razón, *ajeno a toda preocupación estética o moral.*
>
> ENCICLOPEDIA, Filosofía: el surrealismo se basa en la creencia en la realidad superior de ciertas formas de asociación desdeñadas hasta la aparición del mismo, y en el libre ejercicio del pensamiento. Tiende a destruir definitivamente todos los restantes mecanismos psíquicos, y a sustituirlos en la resolución de los principales problemas de la vida.» [1]

Se ve claramente que Breton no propone una estética. Más adecuado es ver al surrealismo como una ética, como

---

[1] A. Breton, *Manifiestos del surrealismo*, Madrid, 1969, pág. 44.

una forma de vivir en la que se abandonan los resortes lógicos tradicionales y se enfrenta el mundo de manera diferente. Breton no hace más que expresar su desaliento ante la imposibilidad a que condena al hombre la razón, la ciencia, la convención. El arte surrealista busca abrir nuevas sendas. No aspira a la belleza, sino a la mención de las hondas verdades, verdades de la mayor pureza, pues están liberadas —nos dicen los surrealistas— de lo aprendido, de la memoria, de las innumerables pátinas del tiempo. La creación surrealista asume la forma de la confesión más honesta. Su eficacia, por lo tanto, deberá establecerse de acuerdo con nuevos patrones. El surrealismo sugiere, en verdad, la abolición de toda noción de arte como una actividad de iniciados o de elegidos y propone vivir lo ordinario como se vive una singularísima aventura. Es decir, esa libertad que tal vez ya se acepta en la creación debe proyectarse a todo lo humano, tornarse acto cotidiano. Por la imaginación transformamos el mundo. Como lo dice Marcel Raymond:

> «André Breton et ses amis ont poussé leurs recherches et leurs investigations en divers sens, et ils ont entendu conférer à leurs entreprises une immense portée. Briser les associations verbales *reçues*, à leurs yeux, c'est attenter aux certitudes métaphysiques du commun; c'est se soustraire à une vision conventionnelle, arbitraire, des choses. 'La médiocrité de notre univers ne dépend-elle pas essentiellement de notre pouvoir d'énonciation?' Un langage stéréotypé, dans lequel toute intervention de la liberté est conditionnée étroitement, nous impose la vision d'un monde stéréotypé, durci, fossilisé, aussi peu vivant que les concepts qui voudraient l'expliquer.» [2]

---

[2] *Op. cit.*, pág. 290. «André Breton y sus amigos han orientado en diversos sentidos sus búsquedas y sus investigaciones, y han pretendido conferir a sus empresas un alcance inmenso. Romper

El mundo es, entonces, en la medida que lo enunciamos, es decir, que es la palabra la que le imparte su realidad, al igual que en las culturas primitivas. Y esto importa una noción mágica del lenguaje. [3]

En otro plano, los surrealistas sugieren una natural fusión entre sueño y vigilia como un modo posible de restituir al hombre su unidad perdida. El sueño, al ser una actividad de la mente sin control de la razón, puede revelarnos esa 'surrealidad', ese territorio desconocido y subyacente hasta ahora velado por la razón y los aparatos lógicos. La naturaleza de ese territorio —a veces mundo casi místico y otras simplemente actividad profunda de la mente— fue motivo de un debate interminable entre los surrealistas mismos. Hay quienes vinculan lo 'surreal' con lo inconsciente. Otros lo ven como una alusión a un nuevo tipo de religiosidad, no del todo extraña a una noción primitiva de lo santo. Y es útil recordar que, aunque Breton niega cualquier dimensión trascendente, su primer manifiesto termina con las siguientes palabras:

«Este verano, las rosas son azules; el bosque de cristal. La tierra envuelta en verdor me causa tan poca impresión

---

las asociaciones verbales *recibidas* es, a sus ojos, atentar contra las certidumbres metafísicas del vulgo; es sustraerse a una visión convencional, arbitraria de las cosas. 'La mediocridad de nuestro universo, ¿no depende esencialmente de nuestro poder de enunciación?' Un lenguaje estereotipado, en el cual toda intervención de la libertad está condicionada estrechamente, nos impone la visión de un mundo estereotipado, endurecido, fosilizado, con tan poca vida como los conceptos que querrían explicarlo.»

[3] Véase Ernesto de Martino, *Magia y civilización*, Buenos Aires, 1965.

como un fantasma. Vivir y dejar de vivir son soluciones
imaginarias. La existencia está en otra parte.»[4]

Esa «otra parte» estaría tal vez en la inspiración, trans-
formadora del mundo y, en verdad, sustituto de Dios.
Pero otros definirían esa «otra parte» como una alusión
precisamente a lo Divino. Sin embargo, Breton no rompe
el interrogante por un escrúpulo ontológico. Pocos han
visto el problema con la claridad de Alquié:

> «Mais l'évidence surréaliste n'est pas métaphysique: elle
> veut demeurer humaine, et donc poétique. Encore est-il que,
> parmi les poètes, les surréalistes paraissent les plus proches
> de la métaphysique. Plus exactement, ils révèlent que, mise
> à part la métaphysique, la poésie est pour l'homme le che-
> min qui conduit le plus près de la vérité, pourvu que son
> langage demeure scrupuleusement fidèle à la vérité de
> l'homme. De cette scrupuleuse fidélité, l'oeuvre d'André
> Breton est sans doute, en ce siècle, l'exemple le plus parfait,
> et le plus admirable. C'est pourquoi Breton apparaît, mal-
> gré lui, comme un messager de la transcendance. Il s'inspire
> d'Engels, mais il retrouve Platon.»[5]

Es decir, que el surrealismo es «una poética, una
doctrina, una visión del mundo como las religiones y las

---

[4] A. Breton, *Op. cit.*, pág. 70.
[5] Ferdinand Alquié, *Philosophie du surréalisme*, París, 1955,
página 212. «Pero la evidencia surrealista no es metafísica: ella
desea permanecer humana y, por lo tanto, poética. Sin embargo,
de todos los poetas los surrealistas parecen los más próximos
a la metafísica. Más exactamente, ellos revelan que, aparte de la
metafísica, la poesía es para el hombre el camino que conduce
más cerca de la verdad, a condición de que su lenguaje perma-
nezca escrupulosamente fiel a la verdad del hombre. De tal escru-
pulosa fidelidad la obra de A. Breton es, sin duda, el ejemplo
más perfecto y admirable en este siglo. Es por ello que Breton
impresiona, a pesar suyo, como un mensajero de trascendencia.
Se inspira en Engels, pero recobra a Platón.»

filosofías», para usar las palabras de Octavio Paz [6]. Huidobro no puede comprender totalmente al surrealismo. Lo ataca porque le atribuye únicamente una técnica en el proceso creador de la que sólo ve el automatismo psíquico. Como se recordará, para Huidobro los verdaderos poetas estaban por nacer; los surrealistas también señalan la imposibilidad para el hombre de hoy de llegar a una visión que en puridad pueda llamarse surrealista. Hay momentos, instantes iluminados y fugitivos cuando puede alcanzar ese abandono total y creador. De ahí que sugirieran la necesidad de cambiar al hombre. El surrealismo busca la abolición de los contrarios, de la noción sujeto-objeto, ser o no ser. «Le poète à venir —dice Breton— surmontera l'idée déprimante du divorce irréparable de l'action et du rêve». En esa nueva unidad, en esa armonía totalizadora, fundan los surrealistas su fe en un destino humano aceptable.

Huidobro no parece urgido por interrogantes existenciales. Su ser, su yo, no son jamás cuestionados. Su poesía es fruto de una vitalidad que surge incontenible de su mente. Huidobro propone la creación de otra realidad poética ajena a lo concreto más por afán reformador que por angustia metafísica. El poema no es para él revelación de una «otredad», mención torturada de una oscuridad central —trascendente o inmanente—, sino enriquecimiento del vivir a través de la imagen nueva. Nos dice Huidobro:

> «Cuando escribo 'El pájaro anida en el arco iris', os presento un hecho nuevo, algo que jamás habéis visto, que jamás veréis, y que, sin embargo, os gustaría ver.» [7]

---

6 O. Paz, *El arco y la lira*, México, 1956, pág. 168.
7 *Op. cit.*, pág. 674.

Para el poeta, como se ve, la justificación de una imagen tal está en su novedad y en su originalidad. Como si persiguiese una tarea de seducción por el asombro. Ya que el poeta no la ve como revelación o como crítica, la imagen padece una gratuidad, que, estoy seguro, alarmaría al propio Huidobro. Leemos en el mismo ensayo:

> «El ensueño poético nace generalmente de un estado de debilidad cerebral; en cambio, la superconciencia, el delirio poético, nace de una corteza cerebral bien alimentada.»

Y más adelante:

> «Nuestros cinco sentidos, como hormigas, parten por el mundo en busca de alimentos que cada uno, entrando por su propio agujero, vendrá a depositar en su casillero particular. Las pequeñas hormigas depositarán su botín en él.»

Observaciones como éstas nos muestran un Huidobro tan cientificista como el que ya encontramos en *Adán*. El poema se origina, como vemos, en la «corteza cerebral». La percepción del mundo es aquello que nuestros sentidos nos comunican. La ciencia es lo que invoca para ratificar sus conceptos. Es, por lo tanto, improbable que él pudiese concordar con Breton o los otros surrealistas, esos «mensajeros de trascendencia», como los llama Alquié.

> «Le surréalisme déréalise le monde objectif, sinon par l'affirmation de l'Etre, du moins au nom d'un bonheur attendu: rencontres et signes indiquent qu'il y a, pour comprendre le Monde, d'autres voies que celles d'un intellectualisme stérilisant, et annoncent une venue dont le pressentiment a du moins le mérite d'empêcher de dormir ceux qui se rassuraient en donnant pour mesure au réel les conditions d'une expérience scientifique.» [8]

_____

[8] F. Alquié, *Op. cit.*, pág. 212. «El surrealismo desrealiza el mundo objetivo, si no por afirmación del Ser, al menos en nom-

Estas palabras de Alquié caracterizan adecuadamente el movimiento que tratamos. Es todavía necesario indicar otra disidencia importante. Para Huidobro el poema es una necesidad porque constituye una reafirmación de su ser, una certidumbre de su singular posición como hombre. Por el contrario, los surrealistas son indiferentes a toda preservación de una personalidad artística determinada. Al igual que los futuristas, proponen una disipación del yo, aunque en órdenes diferentes. Los futuristas buscaban esa integración definitiva entre el yo y la materia, entre el yo y el dinamismo universal. Los surrealistas, al abandonarse a su sueño creador y cotidiano, parecen ir en pos de una identificación del ser individual con una conciencia plural, multitudinaria; y el acto de crear, consecuentemente, no es privativo del artista inspirado, sino que está al alcance de todos los humanos. Una conciencia que nos revela una vida profunda, libre de lo que entendemos generalmente por causa y efecto, independiente de los procesos lógicos que nuestro intelecto ha logrado establecer a través de siglos de razonamiento. La actitud surrealista devolvería al hombre la posibilidad de comunicación con esos poderosos ríos subterráneos que son la base real de nuestra existencia, que hemos pretendido ignorar, pero que desde los sueños y las oscuras voliciones arrebatan nuestro sosiego.

Huidobro, por su parte, está siempre dividido entre sus hábitos mentales tradicionales y la libre función de crear que propone. Aunque en su ensayo «Le créationis-

---

bre de una felicidad esperada: encuentros y signos indican que hay, para comprender el mundo, otras vías que las del intelectualismo esterilizante, y anuncian un advenimiento cuyo presentimiento tiene al menos el mérito de quitar el sueño a quienes se tranquilizan dando como medida de lo real las condiciones de una experiencia científica.»

me» —publicado en 1925— escribiera «En el creacionismo proclamamos la personalidad total», más adelante en el mismo ensayo vuelve a decirnos:

«Debo repetir aquí el axioma que presenté en mi conferencia del Ateneo de Madrid, en 1921, y últimamente en París, en mi conferencia de la Sorbona, axioma que resume mis principios estéticos: «El Arte es una cosa y la Naturaleza otra. Yo amo mucho el Arte y mucho la Naturaleza. Y si aceptáis las representaciones que un hombre hace de la Naturaleza, ello prueba que no amáis ni la Naturaleza ni el Arte.»[9]

La división entre Arte y Naturaleza es proyección de ese dualismo que siempre caracteriza su personalidad. Tales términos que Occidente ha visto desde siempre como irreconciliables, son precisamente los que el surrealismo busca abolir. Sin embargo, tales carencias ideológicas no le impiden a Huidobro escribir poemas que hoy sólo podemos reconocer como surrealistas. Breton y sus amigos negaron con insistencia la identificación de surrealismo con automatismo psíquico. A veces, es cierto, se entregaron a un automatismo en el proceso de creación, pero más por su valor experimental que por persuasión estética. Hay innumerables poemas surrealistas que sólo son ordenamiento de materiales irracionales, es decir, islas pre-lógicas dispuestas de conformidad a algún orden, pero que no llegan a racionalizarse por ello. A veces una estructura perfectamente lógica sostiene elementos subliminales cuya validez es irreductible a proposiciones. Pero los hay también que ceden a requerimientos de forma, a exigencias de ritmo. Dejan de ser confesión en bruto. Ya sea en la ironía, en el humor, en lo grotesco, en el sueño o en la exaltada profecía, siempre hay

---

[9] *Op. cit.*, pág. 681.

menciones de una realidad profunda, de sombras que rondan, de visitaciones innombradas, de ese «inconnu» casi oráculo, sabio, pero vertiginoso, que parcialmente revela el poema verdadero. Para decirlo con Robert Desnos «ce grand poème qui, de la naissance à la mort, s'élabore dans le subconscient du poète qui ne peut en révéler que des fragments arbitraires».

Como ya lo señalamos [10], Huidobro llega a esas honduras surrealistas en *El espejo de agua*. En los libros que siguieron, cuando no está poseído por la extraversión posfuturista, también se acerca al surrealismo. Tal vez es *Poemas árticos* —en su proximidad a Reverdy— el libro que más consecuentemente explora un ámbito subconsciente. Hoy los surrealistas ven a Reverdy como un antecedente importante, si bien con reservas que aquí debemos indicar. La poesía surrealista participa por igual de la vigilia y del sueño, de lo tangible y de lo espiritual, de lo histórico y de lo atemporal. Reverdy, en su verso descarnado, modifica toda percepción de lo concreto hasta tornarlo espiritualidad pura: nos da un absoluto. Los surrealistas unifican su experiencia varia y multiforme en una totalidad que puede ser el poema, el acto, el artefacto, el cuadro surrealista. Reverdy sitúa al poema en un universo platónico. Los surrealistas lo hacen parte de su mundo total, sin fisuras ni divisiones. Reverdy busca su verdad allende lo concreto. Anula así uno de los términos de la disyuntiva; no la supera, la suprime. Los surrealistas tratan de unir todo en esa maravillosa unidad que es el hombre. Por eso debe verse en el surrealismo la alborada de un nuevo humanismo.

Huidobro, por razones fáciles de conjeturar, en ver-

---

10 Ver el capítulo «Primeros libros», pág. 22.

dad nunca llega a participar de este debate. Él crea el poema en un estado de exaltación lírica en el que logra la libertad de sus imágenes. Para ser consecuentes con los escritos de Huidobro, no debemos ver en ellas revelación platónica ni totalidad que supera los contrarios, sino más bien bellos y libres objetos verbales, celebración de ese animal fabulador que es el hombre. Definen la mente humana, pero no aspiran a ser revelación.

En 1925 Huidobro publica *Automne régulier* y *Tout à coup*, libros en francés que aparecen en París y que temporalmente son inmediatos al *Primer manifiesto* de Breton. Tal vez por ello no sea inadecuado examinarlos a la luz de otros textos surrealistas contemporáneos. Tomemos el poema «Poète», de *Automne régulier:*

> Poète poète sans sortilège
> Trois jours après le naufrage
> Moulin moulin de neige
> L'épaule est lourde de nuages
>
> Vous êtes tous des robinets
> Votre coeur saigne par le nez
> Mais les oiseaux sont des buffets trop pleins
> Les oiseaux dans le ciel sont plus chauds que les mains
>
> Tais-toi rossignol au fond de la vie
> Je suis le seul chanteur d'aujourd'hui
> Je vous répète mille fois
> Que mon épaule est lourde des nuages
> Mais j'ai la flûte officielle du chérubin sauvage. [11]

---

[11] «Poeta, poeta sin sortilegio/Tres días después del naufragio/Molino, molino de nieve/El hombre está pesado de nubes/ Todos vosotros sois grifos/Vuestro corazón sangra por la nariz/ Pero los pájaros son armarios demasiado repletos/Los pájaros en el cielo son más calientes que las manos/Cállate ruiseñor al fondo de la vida/Soy el único cantor de hoy/Os repito mil veces/ Que mi hombro está pesado de nubes/Pero tengo la flauta oficial del querubín salvaje.» V. Huidobro, *Op. cit.*, pág. 343.

Los versos se ordenan sin seguir una «anécdota», un desdoblarse progresivo. Se nombra vagamente un área de experiencia que, en este caso, es la función creadora del poeta. Los pájaros, insistente símbolo en Huidobro, aluden a exaltación lírica, a un elevarse luego del «naufragio», del buceo en esas regiones donde «el único cantor de hoy» —«le seul chanteur d'aujourd'hui»— encuentra su palabra. Allí, en ese fondo, se halla también el «ruiseñor», el ave angélica que mejor representa el canto. El poeta ha dejado toda mecánica psicológica y el proceso de creación ha permanecido en su oscuridad esencial. Como si Huidobro se transformase en el poema, como si abandonase esas premisas que constantemente repite en sus ensayos. Esta breve composición tampoco se sostiene en imágenes. La total espiritualización del lenguaje nos confina a un ámbito reverdiano. Pero es verdad que este poema no representa a *Automne régulier*, libro en el que prevalece una manera ultraísta o posfuturista. Así es que junto a «Poète» hallamos ejercicios como «Océan ou dancing», «Honni soit qui mal y danse...», «Mer mer», «Film», etcétera, que nos remiten otra vez al ultraísmo. Puede decirse también que Huidobro llega a esa atomización de la percepción cuando su lenguaje más se acerca al de Reverdy. Breton, Desnos, Eluard ponen en su poesía un elemento de exaltación inhallable en los severos textos reverdianos. Conceptualmente, Reverdy es consecuente con lo que aboga; en manos de Huidobro estos ejercicios parecen haber ocurrido extrañamente, casi a pesar de él mismo. Podría argüirse que todo verdadero poema surrealista «ocurre», «nace» como los ríos o las estaciones. Son más naturaleza que arte. Si vemos las cosas desde tal ángulo tal vez puede atribuirse a Huidobro cierto paren-

tesco con los surrealistas. Pero es verdad que los poemas
de este libro se fragmentan en versos que quedan suspendidos en una vaguedad devoradora. En todo *Automne
régulier* Huidobro inicia sus poemas con brillantez que
progresivamente se erosiona, se dilapida en un gesto de
inutilidad. ¿Es ésa tal vez la afirmación a que arribamos?
La bella idea, el bello verso están condenados a una irre-
misible gratuidad. ¿O es que el poeta otra vez escribe a
la manera de alguien, con esa facilidad pasmosa que
siempre ostenta? Pero es difícil no pensar en que hay
otro poeta, también llamado Vicente Huidobro, que escribe en francés. Como si otro idioma impusiera otra personalidad. Ese otro poeta, que contempla el mundo frag-
mentado y disperso, contrasta con el que a menudo afirma
su fe en la ciencia.

Paul Eluard escribe en 1925 el poema siguiente:

Il dissipe le jour,
Il montre aux hommes les images déliées de l'apparence,
Il enlève aux hommes la possibilité de se distraire.
Il est dur comme la pierre,
La   pierre informe,
La pierre du mouvement et de la vue,
Et son éclat est tel que toutes les armures, tous les masques
                                                en sont faussés.
Ce que la main a pris dédaigne même de prendre la forme
                                                de la main,
Ce qui a été compris n'existe plus,
L'oiseau s'est confondu avec le vent,
Le ciel avec sa vérité,
L'homme avec sa réalité. [12]

---

[12] «Le miroir d'un moment» en *Capitale de la Douleur*. «Él
disipa el día/Muestra a los hombres las delicadas imágenes de la
apariencia,/Quita a los hombres la posibilidad de distraerse./Es
duro como la piedra,/La piedra informe,/La piedra del movimien-

Aquí hay también una definición de la función poética. El espejo-poeta desdobla las imágenes que se transfiguran, devienen otros seres en proceso infinito y vertiginoso. Comparado con «Poète», éste es un texto cristalino. Es más ceñido que el poema de Huidobro y sigue un orden discursivo y retórico. En «Poète» los obstáculos, las aristas y anfractuosidades nos vulneran. El poema de Eluard fluye límpidamente, es casi una invitación a la lectura en voz alta. En él nos movemos desde un plano de realidad convencional hacia una hondura central, coincidencia perfecta de valencias existenciales y de símbolo. Sustentado en un área de sombras, el poema se erige hacia la claridad de una afirmación. Huidobro, por el contrario, nos detiene en un mundo de perplejidades.

Tout à coup, de golpe, alude a disgregación, a algo no premeditado, a dislocación y, en efecto, ese título revela la estructura del libro. En cierto sentido, ya que Huidobro no apuesta a la inmanencia surrealista, esta colección tendría que leerse como mera calistenia verbal, como juego selecto. Pero el poeta en francés parece haber sentido nuevas músicas y nos da este libro pleno de sugestiones, de menciones de una realidad profunda, inalcanzable para la razón. De ahí que haya tan poco verdaderamente conceptualizable en *Tout à coup.* La cualidad de extrañeza de muchos versos que evoca a Reverdy, contrasta con cierto contenido lirismo que Huidobro nunca deja prevalecer en estas composiciones.

---

to y de la vista,/Y su destello es tal que todas las armaduras, todas las máscaras en él se falsean./Aquello que la mano ha tomado desdeña tomar la forma de la mano,/Aquello que se ha comprendido no existe más,/El pájaro se ha confundido con el viento,/El cielo con su verdad,/El hombre con su realidad.»

Je m'éloigne en silence comme un ruban de soie
Promeneur de ruisseaux
Tous les jours je me noie
Au milieu des plantations de prières
Les cathédrales de mes tendresses chantent la nuit sous
                                                                    l'eau
Et ces chants font les îles de la mer

Je suis le promeneur
Le promeneur qui ressemble aux quatre saisons
Le bel oiseau navigateur
Etait comme une horloge entourée de coton
Avant de s'envoler m'a dit ton nom

L'horizon colonial est tout couvert de draperies
Allons dormir sous l'arbre pareil à la pluie [13]

El poema se inicia con verdadero deleite formal. Alude oscuramente a lo amoroso, a esas «catedrales» donde sus «ternuras cantan a la noche». Esos cantos parecen ser los puntos de apoyo, las «islas», en ese mar que el poeta nombra y que sólo podemos ver como el mar del existir. El poeta es «el paseante» que sigue su curso como las «cuatro estaciones». ¿Tal vez por la regularidad de su comportamiento? ¿Tal vez por ser justamente lo opuesto, cambiante, y, por lo tanto, simultáneamente como las cuatro estaciones? No es posible saberlo. Tal vez es esa ambivalencia la que deleita al poeta. «El bello pájaro

---

[13] V. Huidobro, *Op. cit.*, pág. 349. «Me alejo en silencio como una cinta de seda/Paseante de arroyos/Todos los días me ahogo/ En medio de plantaciones de plegarias/Las catedrales de mis ternuras cantan a la noche bajo el agua/Y esos cantos forman las islas del mar/Soy el paseante/El paseante que se parece a las cuatro estaciones/El bello pájaro navegante/Era como un reloj envuelto en algodón/Antes de volar me ha dicho tu nombre/El horizonte colonial está todo cubierto de cortinajes/Vamos a dormir bajo el árbol parecido a la lluvia.»

navegante» es quien pronuncia el nombre —suponemos—
de la amada. ¿Es ése el pájaro de la exaltación que cruza
tantos cielos huidobrianos? ¿Y esa invitación a dormir
bajo «el árbol parecido a la lluvia» puede relacionarse
con la estrofa anterior? Preguntas que admiten varias res-
puestas. Pero en ellas tal vez más nos leemos a nosotros
mismos que al poeta. ¿Acaso Huidobro al arrojarnos en
esas elipsis atrevidamente prolongadas está tomando posiciones? ¿No afirma tal vez que en ese universo de hondas
voliciones nuestro ser se nubla, que ni el poeta mismo
puede aseverar? En el poema siguiente de la misma colección el tema vuelve a ser la ternura. El primer verso es
claro y ofrece un punto de partida seguro:
    «Tu n'as jamais connu l'arbre de la tendresse d'où
j'extrais mon essence». Pero, a medida que se progresa, el
amor se va reduciendo a cosa cada vez más anónima.
Somos conscientes de un malestar en el poema, de una
«malaise» indefinible. El «árbol de la ternura» de la primera línea termina en «trozos de alma aserrados por mi
violín» en la última. Pero el poeta no parece comprome-
tido en una denuncia de su tiempo. Hay una evidente
neutralidad en esta poesía crepuscular.
    Huidobro sigue aquí el precepto reverdiano de abolir
la «anécdota». Pero no llega a violentar la sintaxis como
Vallejo en *Trilce* (1922), ni adjetiva con la libertad inquietante de Neruda. La extraña textura de sus poemas se
sostiene en la dislocación en versos que son fragmentos
de una unidad generalmente no revelada. A veces un verso
impone el que sigue, pero éste se fuga de su sentido in-
esperadamente y así engendra otro verso que condiciona
con su presencia el siguiente, en racimos de relaciones un
tanto casuales. Siempre hay un área de bruma, de pe-
numbra que no permite llegar a una afirmación reducible

a concepto. No sería descabellado, pues, ver en esos ejercicios el balbuceo de nuestro subconsciente en arbitrario diálogo con nuestra conciencia.

Estas composiciones que anotamos, como tantos versos aislados de *Tout à coup*, traen referencias vagas al amor, a la mujer o a lo erótico. Son débiles y a menudo casi irreconocibles. Para los surrealistas, por el contrario, el amor ocupa innumerables páginas de exaltación y entrega. No es el delirio romántico, ya que casi nunca está dirigido hacia un ser en particular, es más bien el amor mismo, el amor como droga liberadora de lo que llamamos realidad. El amor como agente «des-realizante», capaz de consumar la síntesis ansiada de lo subjetivo y lo objetivo, del sueño y la vigilia. Por él es posible —nos dicen los surrealistas— una apropiación del mundo de otro modo inalcanzable. Lejos de ser evasión es más bien ingreso en un orden más verdadero que el que nos impone la razón. Aquella famosa «Enquête sur l'amour» llevada a cabo en 1929, señala el lugar de privilegio que tiene esta experiencia en los procesos de desrealización que demanda la aprehensión surrealista. El amor ponía a Baudelaire en la exaltación del pecado condenatorio. Por así decirlo, lo situaba frente a Dios. Eluard halla en él la posibilidad de reafirmación de la libertad del hombre. Escribiendo sobre Sade nos dice:

> «Sade a voulu redonner à l'homme civilisé la force de ses instincts primitifs, il a voulu délivrer l'imagination amoureuse de ses propres objets. Il a cru que de là, et de là seulement, naîtra la véritable égalité.» [14]

---

[14] «Sade ha querido devolver al hombre civilizado la fuerza de los instintos primitivos, él ha querido liberar la imaginación amorosa, de sus propios objetos. Ha creído que de allí, y de allí solamente, nacerá la verdadera igualdad.»

Robert Desnos publica *A la mystérieuse* en 1926. Tal vez pocas colecciones de poemas surrealistas enuncian tan claramente el poder de transfiguración que atribuyen al amor:

> «O douleurs de l'amour!
> Comme vous m'êtes nécessaires et comme vous m'êtes chères.
> Mes yeux qui se ferment sur des larmes imaginaires, mes mains qui se tendent sans cesse vers le vide.
> J'ai rêvé cette nuit de paysages insensés et d'aventures dangereuses aussi bien du point de vue de la mort que du point de vue de la vie, qui sont aussi le point de vue de l'amour.
> Au réveil vous étiez présentes, ô douleurs de l'amour, ô muses du désert, ô muses exigeantes.» [15]

O bien el poema siguiente que se inicia con el verso

> J'ai tant rêvé de toi que tu perds ta réalité.» [16]

Es verdad que Huidobro nos confiesa en *Vientos contrarios:* «Toda mi vida puede resumirse en estas tres palabras: amor, poesía, análisis.» Pero nunca llega a la entrega total de los surrealistas. El amor rara vez logra ser emoción central en su poesía. Por cierto que esto surge de una meditada actitud. En «Manifiesto tal vez» [17] es-

---

15 «¡Oh dolores del amor! Cómo me sois necesarios y queridos. Mis ojos que se cierran sobre lágrimas imaginarias, mis manos que tienden sin cesar hacia el vacío. He soñado esta noche con paisajes de locura y aventuras peligrosas, tanto desde el punto de vista de la muerte, como desde el punto de vista de la vida, que son también el punto de vista del amor. Al despertar estabais presentes, oh dolores del amor, oh musas del desierto, oh musas exigentes.»
16 «Tanto he soñado contigo que tú pierdes tu realidad.»
17 V. Huidobro, *Op. cit.,* pág. 696.

cribe: «El amor y el repudio carecen de importancia para el verdadero poeta, pues sabe que el mundo avanza de derecha a izquierda y los hombres de izquierda a derecha. Es la ley del equilibrio.»

Por esta misma época, 1925, publica *Manifestes* [18], donde se hallan estos escritos teóricos. Huidobro en un corto artículo —«Total»— aboga por un hombre nuevo: «Basta ya de vuestros pedazos de hombre, de vuestros pequeños trozos de vida. Basta ya de cortar el hombre y la tierra y el mar y el cielo.» Esta sugestión de un hombre nuevo y entero no parece oponerse a lo sugerido por los surrealistas en su manifiesto de 1924. Es más fácil, sin embargo, comprender la noción de totalidad surrealista que la huidobriana. No se ve en Huidobro, por ejemplo, a qué nivel se realiza esa síntesis que unifica imaginación y mundo, poema y acto. La poesía es una floración extraña, ajena a nuestra experiencia cotidiana, y una vez que aceptamos la sorpresa que ella puede causarnos aún queda por decirse qué participación moral y emocional es posible. Huidobro parece proyectarse, por una vez, en un orden trascendente: «La gran palabra que será el clamor del hombre en el infinito, que será el alarido de los continentes y los mares hacia el cielo embrujado y la tierra escamoteada, el canto del ser realizando su gran sueño, el canto de la nueva conciencia, el canto total del hombre total.» No es claro qué significa Huidobro por «cielo embrujado», por ‘«gran sueño». Pareciera que el poeta sintió de algún modo el vacío en que se encontraba y buscó solaz en esa nueva terminología. Es difícil no sentirla como mero subterfugio. Sus escritos, sus

---

[18] París, La Revue Mondiale.

poemas de *Tout à coup,* lo muestran, a nuestro entender, perplejo. Por un lado, se ha cerrado el camino de la historia; por el otro, el de la eternidad. Poetizamos en pos de «la gran palabra». Pensamos de inmediato en el Gran Libro de Mallarmé y en un reencuentro con una tradición órfica, pero todo eso es tan distante de nuestro poeta que no es posible ni sugerirlo. A esta altura, sólo satisface, como explicación de la función poética en Huidobro, la noción de poesía como celebración de «la potencia creadora» del hombre. Y en esto, no estaba muy distante de los surrealistas.

«ALTAZOR»

I

Altazor es un salto hacia un abismo insondable, hacia el vacío de nuestra conciencia; es libre descenso en un espacio absoluto, buceo en las honduras de nuestros sueños y las más secretas voliciones. El poema todo está construido en ese vértigo, apta imagen de nuestra vida, ya que, como lo dice Huidobro, vivimos «despeñados entre los astros de la muerte». Hay una imagen que domina al poema: la caída. No solamente la física que se siente en cada canto, sino la que importa una búsqueda y al mismo tiempo un hallazgo o cuando menos una exploración de nuestro ser más recóndito. Al mismo tiempo, el poema posee el valor de una exhortación: «Abre la puerta de tu alma y sal a respirar al lado afuera. Puedes abrir con un suspiro la puerta que haya cerrado el hucarán.» [1] El poema es la propia imagen de esa libertad que el poeta ha elegido. Es también, tal vez por ello mismo, mención de nuestra limitación humana. La caída es signo de «la fuerza de atracción de la muerte y del sepulcro abierto». [2] Es expresión de aquella condición del hombre por la que «hemos saltado del vientre de nuestra madre o del borde de una estrella y vamos cayendo» atraídos por «el imán del abismo». [3]

[1] V. Huidobro, *Op. cit.*, pág. 368.
[2] V. Huidobro, *Op. cit.*, pág. 366.
[3] V. Huidobro, *Op. cit.*, pág. 368.

Estas aseveraciones, tomadas del Prefacio a *Altazor,* aisladamente suenan más solemnes que en su contexto general. En efecto, no hay en el Prefacio ningún gesto grandioso, el lenguaje posee un sabor de desilusionada ironía o de humor que vela cierta desesperación contenida. Importa señalar en el poema, sin embargo, su magnitud sideral, sus espacios cósmicos, su gran escala. Por momentos, tal dimensión nos recuerda los libros proféticos de William Blake, pero reducidos aquí a lo inmediato por virtud de un lenguaje que —expresión de dudas antes que de convicciones— abandona a menudo toda majestad y se entrega a un deliberado comercio con lo grotesco.

Por razones de magnitud se ha establecido cierta vinculación de Huidobro con Whitman [4], pero corresponde deslindar las diferencias de tono y concepción. Huidobro, al igual que Whitman, «lo ve todo, tiene su cerebro forjado en lenguas de profeta» [5] y también levanta su interminable inventario. Pero *Altazor* se erige, como dijimos, al borde de un abismo. Es claro que la caída no sugiere una visión complacida del hombre. Whitman, profeta de mundos nuevos, celebra y al celebrar se integra con el universo en unidad que resuelve los contrarios. En *Altazor* Huidobro se angustia en laberintos interiores o en infinitos espacios mentales donde acontecen sus vuelos-caídas. Los ríos y bosques y montañas whitmanianos están ausentes del ámbito donde Huidobro nos sitúa, ámbitos sin duda más próximos a los de Tanguy, de Dalí o de Chirico. Whitman es el profeta de una esperanza; Huidobro profetiza en su poema un apocalipsis. A pesar de ello, como

---

[4] En Vicente Huidobro. *Poesía y prosa,* antología por A. de Undurraga, 1957, pág. 178.
[5] V. Huidobro, *Op. cit.,* pág. 367.

Altazor es Hombre, es Poeta y es Mago —para decirlo con las palabras del mismo Huidobro— conjura su libertad en gesto que alcanza la palabra poética.

Resumiendo: imaginación, vuelo-caída, libertad, se contrastan con abismo, muerte, «sepulcro abierto». Entre ser y nada se construye *Altazor*, cuyo subtítulo es «El viaje en paracaídas». Es útil indagar en la naturaleza de ese vuelo-caída. El paracaídas, que no deja de ser un vehículo grotesco, parece aludir irónicamente a la fragilidad de lo humano; pero la palabra poética puede transformarlo en «parasubidas maravilloso», pues ella libera, exalta, transfigura. Tal paracaídas es también «la única rosa de la muerte, despeñada entre los astros de la muerte», es decir, su significación es polivalente aunque no necesariamente contradictoria. De todos modos, estas repetidas alusiones del Prefacio deben servir de advertencias para quienes desean ver en el poema demasiados componentes lúdicos. Si los hay, más que sonrisas son doloridas muecas de impotencia. El paracaídas es un resabio patético de la artificial opulencia futurista, de aquella complacencia que pretendía liberar al hombre con el motor a explosión. Pero es un símbolo apto, pues como instrumento sólo sirve para caer y así patentiza nuestra situación. El globo, el avión, tal vez lograron darnos cierta ilusión de poder y fuerza. El paracaídas nos sostiene en el aire por un instante, nos ayuda débilmente en nuestra fragilidad aérea, sólo amortigua nuestro descenso. Sobre todo, nos hace conscientes de que somos prisioneros de la tierra. Felizmente, el paracaídas de Altazor no es de tela y cordajes, es de imaginación, es de poesía. Pero aun así, ¿consigue sacarnos de nuestro descenso vertiginoso?

El hombre proyectado hacia la muerte y, sin embargo, creador y precariamente libre es el gran tema del Canto I de *Altazor*. Huidobro parece decirnos que todo acto humano es parte de una caída absoluta e indetenible: ser es caer. Ser hombre es ir cayendo:

> «Eres tú el ángel caído
> La caída eterna sobre la muerte
> La caída sin fin de muerte en muerte
> Embruja el universo con tu voz
> Aférrate a tu voz embrujador del mundo
> Cantando como un ciego perdido en la eternidad.» [6]

El paso de ser a no ser es en el poema «caída». Devenir es caer. Y si bien hay exhortaciones —«Déjate caer sin parar tu caída/sin miedo al fondo de la sombra/Sin miedo al enigma de ti mismo»— el proceso es doloroso:

> «La conciencia es amargura
> La inteligencia es decepción
> Sólo en las afueras de la vida
> Se puede plantar una pequeña ilusión.» [7]

Si estas líneas señalan acatamiento y aceptación resignada, corresponde indicar también esos momentos en que el poeta se rebela y busca la huida:

> «Consumamos el placer
> Agotemos la vida en la vida
> Muera la muerte infiltrada en rapsodias langurosas.» [8]

Pero esa evasión sólo es posible «en las afueras de la vida», en los reinos de la imaginación:

[6] V. Huidobro, *Op. cit.*, pág. 375.
[7] V. Huidobro, *Op. cit.*, pág. 375.
[8] V. Huidobro, *Op. cit.*, pág. 373.

«La magia y el ensueño liman los barrotes
La poesía llora en la punta del alma.»⁹

Todo el Canto I es un debatirse angustiado. Ora deses-
perado, ora resignado o forzándose al entusiasmo y re-
solviéndose a la esperanza; para volver siempre a su ini-
cial desazón:

«Un hastío invade el hueco que va del alba al poniente
Un bostezo color mundo y carne
Color espíritu avergonzado de irrealizables cosas
Lucha entre la piel y el sentimiento de una dignidad debida
                                        y no otorgada
Nostalgia de ser barro y piedra o Dios
Vértigo de la nada cayendo de sombra en sombra
Inutilidad de los esfuerzos fragilidad del sueño.»¹⁰

El poeta, en su sed de absoluto, sólo posee la palabra
que lo eleva. El lo dice desde sus tempranos poemas, pero
la protesta ya es un comienzo de liberación. La protesta
es toma de conciencia:

«Yo sé de mi vergüenza de la vida de mi asco celular
De la mentira abyecta de todo cuanto edifican los hombres
Los pedestales de aire de sus leyes e ideales.»¹¹

Aún la poesía, cuando es sólo «ardid ceremonioso», «tram-
pas de luz y cascadas lujosas» es mero embeleco o subterfugio. Pero Altazor se confiesa capaz de la verdad,
capaz de la real palabra poética. El Canto I termina con
una nota de esperanza ante el inminente arribo del poema, del «canario pródigo» y se «oye el pulso del mundo»
en su alumbramiento.

---

⁹ V. Huidobro, *Op. cit.*, pág. 376.
¹⁰ V. Huidobro, *Op. cit.*, pág. 380.
¹¹ V. Huidobro, *Op. cit.*, pág. 381.

El Canto II es la palabra poética que llega. Es un poema de amor y, al igual que en Desnos o en Eluard, es la amada la que opera esa trasmutación de la resignación en esperanza. La angustia cesa. Aparece, por vez primera en el poema, la palabra «alegría». Y la vida es tolerable otra vez, aún invitante:

> «El mundo deviene majestuoso cuando pasas
> Se oyen caer lágrimas del cielo
> Y borras en el alma adormecida
> La amargura de ser vivo
> Se hace liviano el orbe en las espaldas.» [12]

La experiencia humana deja de ser signo de disolución y caída. Con el arribo del poema el movimiento se detiene; hay un suspenderse, un paréntesis en el viaje hacia el no ser. Quien nos redime es la «dadora de infinito/Que pasea en el bosque de los sueños». Entonces se contempla el mundo como si fuéramos eternos y libres. Hacia el final del canto el poeta se pregunta:

> «Si tú murieras
> Las estrellas a pesar de su lámpara encendida
> Perderían el camino
> ¿Qué sería del universo?» [13]

Con tal interrogante se rompe el sortilegio y en el Canto III reina otra vez el conflicto y la desarmonía. En verdad, tiene como centro la búsqueda misma de la palabra poética. Cuando Altazor-Huidobro nos invita a que «matemos al poeta» nos está exhortando a que dejemos

---

[12] V. Huidobro, *Op. cit.*, pág. 388.
[13] V. Huidobro, *Op. cit.*, pág. 389.

esa poesía que llama peyorativamente «poética», es decir, falsa:

> «Demasiada poesía
> Desde el arco iris hasta el culo pianista de la vecina.»[14]

Está aludiendo también al ultraísmo que se sostiene en analogías caprichosas y que él imita bordeando la parodia:

> «Leñar atletas como cipreses
> Iluminar cipreses como faroles
> Anidar faroles como alondras
> Exhalar alondras como suspiros
> Bordar suspiros como sedas
> Derramar sedas como ríos.»[15]

Ataca, finalmente, a todo aquel juego que es mera «posesión de pedrerías». El canto es un llamado a «resucitar las lenguas», a que la lengua sea una aventura «entre dos naufragios», es decir, entre el principio y el fin de la persona. La sección termina con una clara manifestación de convicciones. Ellas nos parecen útiles sugestiones de cómo deben leerse aun ciertos libros anteriores a *Altazor:*

> «Y puesto que debemos vivir y no nos suicidamos
> Mientras vivamos juguemos
> El simple sport de los vocablos
> De la pura palabra y nada más
> Sin imagen limpia de joyas
> (Las palabras tienen demasiada carga)
> Un ritual de vocablos sin sombra
> Juego de ángel allá en el infinito
> ... ...

---

14 V. Huidobro, *Op. cit.*, pág. 391.
15 V. Huidobro, *Op. cit.*, pág. 392.

Pasión del juego en el espacio
Sin alas de luna y pretensión
Combate singular entre el pecho y el cielo
Total desprendimiento al fin de voz de carne
Eco de luz que sangra aire sobre el aire

Después nada nada
Rumor aliento de frase sin palabra.» [16]

Suspendidos en nuestro tránsito humano, sentimos la urgencia de vivir nuestro instante fugitivo. El acoso del tiempo es una asfixia que penetra todas nuestras acciones. En el Canto IV esa noción de urgencia está presente en el verso «No hay tiempo que perder» que se repite con premiosa insistencia. La golondrina, ave peregrina de los hemisferios, es símbolo adecuado de esa presencia que nos preteriza:

«No hay tiempo que perder
Ya viene la golondrina monotémpora
Trae un acento antípoda de lejanías que se acercan
Viene gondoleando la golondrina.» [17]

La golondrina-tiempo toca y compromete lo que existe. «Ya viene la golondrina» se repite, creando un sentimiento similar al de «No hay tiempo que perder». Opuesto a la «golondrina monotémpora» terrestre, el cielo atemporal habita en el canto, en música de eternidad:

«Pero el cielo prefiere el rodoñol
Su niño querido el rorreñol
Su flor de alegría el romiñol
Su piel de lágrima el rofañol

---

[16] V. Huidobro, *Op. cit.*, pág. 393.
[17] V. Huidobro, *Op. cit.*, pág. 398.

> Su garganta nocturna el rosoñol
> El rolañol
> El rosiñol» [18]

Las notas se han fundido con el ave que simboliza mejor el canto. «Ruiseñor» y las notas de la escala musical dan nacimiento a esos vocablos nuevos que sugieren la fusión total de ser y canto. Huidobro ha logrado aquí una correspondencia perfecta entre emoción e imagen. Por su eficacia, la golondrina-tiempo y el ruiseñor-canto se proyectan a símbolos. De ese modo, el viejo tema del tiempo transitorio ha tomado otra activa enunciación. El poema, tan rotundo y real como el universo y el espacio que nos contiene, posee atisbos de eternidad:

> «El pájaro tralalí canta en las ramas de mi cerebro
> Porque encontró la clave del eterfinifrete
> Rotundo como el unipacio y el espaverso.» [19]

Universo, espacio, eternidad no son meras menciones, son realidades confundidas, integradas en el poema. La palabra tradicional se transforma, pues ella no puede designar la unidad a que el poeta aspira. Más que juego, que jitanjáfora, como ha querido verse, designa con rigor una entidad recién nacida.

Contrastando con esa obsesión de finitud que signa este canto, el Canto V explora en libertad un ámbito imaginativo y poético. Allá «Vicente antipoeta y mago» se encontraba con «Las tinieblas del féretro sin límites», aquí, por el contrario, hay un retozo distante de presencias insidiosas:

---

18 V. Huidobro, *Op. cit.*, pág. 399.
19 V. Huidobro, *Op. cit.*, pág. 402.

«Navío navío
Tienes la vida corta de un abanico
Aquí nos reímos de todo eso
Aquí en el lejos lejos» [20]

Es igual que si ganásemos el paraíso. En este nuevo territorio «Los lobos hacen milagros» y «Pastan las ovejas al otro lado de la luna» [21]. Es así que «En el cementerio sellado y hermoso como un eclipse/La rosa rompe sus lazos y florece al reverso de la muerte» [22]. Pero el poeta sabe que esta liberación es pobre antídoto y reaparecen en el poema —aquí y allá— señales de nuestra condición humana. De ellas la imaginación se escapa:

«Jugamos fuera del tiempo
Y juega con nosotros el molino de viento.» [23]

La regularidad ciega —tal vez por eso sugerente de atemporalidad— del movimiento de las aspas modula los versos de este pasaje que, aunque repetitivos, no dejan de guardar sorpresas. El molino pareciera equipararse con lo humano en su gestión incesante y tal vez inútil: un movimiento estacionario. Es también representación del tiempo en su acontecer rítmico. Tal lo que nos dice en su poema «Molino» [24]. Es comprensible que el canto termine con este verso:

«Y yo oigo la risa de los muertos debajo de la tierra.» [25]

---

[20] V. Huidobro, *Op. cit.*, pág. 405.
[21] V. Huidobro, *Op. cit.*, pág. 405.
[22] V. Huidobro, *Op. cit.*, pág. 406.
[23] V. Huidobro, *Op. cit.*, pág. 408.
[24] V. Huidobro, *Op. cit.*, pág. 612.
[25] V. Huidobro, *Op. cit.*, pág. 417.

En todos los cantos que comentamos hay un amplio gesto retórico, recitativo. Cuando llegamos al sexto, el tono es más severo y escueto, más ceñido y descarnado. El Canto VI puede leerse como documento de la gestación del poema, de la búsqueda del vocablo en ese dominio imaginativo. Huidobro alude a la visión poética por medio de la repetición de la palabra «cristal» que bien concretiza las nociones de «lo visto», «con lo que se ve», y aun la noción de espejo, de auto-visión.

> «Cristal mío
> Baño eterno
> > el nudo noche
> El gloria trino
> > sin desmayo
> Al tan prodigio
> Con su estatua
> Noche y rama
> > Cristal sueño
> > Cristal viaje
> Flor y noche
> Con su estatua
> > Cristal muerte.» [26]

Las enormes elipsis, la presencia de vocablos aislados, como suspendidos, nos recuerda a cierto Mallarmé. Pero hay un pasaje en que el ritmo fascina a nuestro poeta —«Miramares/Nombres daba/por los ojos hojas mago/ etcétera»—, pero que él consigue retener en su expresión de concentrada meditación. La búsqueda-visión-poema termina en la palabra «muerte». El sueño, el viaje, la muerte, la noche, son las esencias que permanecen al acercarnos a la disolución final, terminación del vuelo.

---

[26] V. Huidobro, *Op. cit.*, pág. 421.

En el Canto VII, aun si distinguimos los restos —¿las ruinas?— de ciertos vocablos —«campanuso», «sensorida», «infimiento», «mandotrina»—, ya estamos en los umbrales mismos de la disolución, próximos al impacto que habrá de destrozarnos. Los sonidos inarticulados en que acaba el poema, ya han perdido toda apariencia racional. Son balbuceos, son mero sonido. Hay sonoridades como piar de pájaros, es decir, no llegan a ser disonancia pura, ruido. Como si el poeta quisiera darnos una tardía esperanza: el canto humano no se destruye, se transforma, se integra en la naturaleza, en un nuevo ser biológico, ciego y, tal vez por ello, suficiente y armónico.

II

Altazor es en muchos sentidos síntesis de experiencias anteriores. Sin embargo, en razón de su ordenamiento conceptual, ofrece puntos de orientación, referencias que permiten una intelección más razonada. El poeta necesita ese andamiaje racional que asegura la continuidad del poema, de dimensión considerable. La noción de progresión, de desdoblamiento paulatino, señala un orden que se opone a aquellas composiciones breves de *Poemas árticos*, por ejemplo, que nos enfrentan a una búsqueda en el vacío, a veces tan sólo documentos nebulosos de un acontecer vagamente registrado. La presencia de un plan formal no implica negación de su libertad creadora, sino lindes racionales para cada unidad. Esa sensación de límite, de marco, que nunca llega a ser avasalladora, es uno de los logros de *Altazor*. Sin ella la comunicación sería inalcanzable y el poema, mero gesto solipsista. Inversamente, tales límites permiten al poeta la libertad del Canto VII, por ejemplo, cuya aprehensión se hace posible por el contexto general del poema, antes que por su texto mismo.

Si es verdad que ciertas composiciones más tempranas nos enfrentan a visiones no figurativas o a naturalezas muertas poemáticas, *Altazor* absorbe esos elementos abstractos en la textura prevaleciente en el poema. En un sentido estructural *Altazor* representa mejor a Huidobro que otros poemas anteriores: el poeta ha logrado aquí una adecuación, un acomodamiento de las diversas tendencias que coexisten en su carácter. Pero si esto es verdad, es necesario afirmar que Huidobro nunca llega a la conjunción de palabra y espíritu que alcanza Vallejo, por ejemplo, en ciertos poemas. Los contenidos huidobrianos son los de un «littérateur» y carecen, en último análisis, de aquel intransferible elemento confesional que nos acerca de modo inusitado a un poeta. Aunque su lenguaje se despoja de ciertos artificios no logra la desnudez palpitante de Vallejo. Huidobro aún se mantiene remoto. Esa distancia que interpone se manifiesta no sólo en su idioma, sino en las dimensiones cósmicas a que nos lanza: inmensidad es lejanía.

Por otra parte, estos ejercicios imaginativos han perdido a menudo ese elemento dramático que alcanzan aquellos poemas cuya emoción se sostiene en cierto patetismo. Su abstracción no es tanto conceptual o filosófica cuanto de visión. Su libertad, podría decirse, es su aislamiento. Tal parece un dualismo inevitable en el poeta. A medida que se libera se aleja y corre el peligro de hacernos contemplar con admiración fría esos alardes de imaginación, antes que hacernos compartir una experiencia. *Altazor*, al situarnos en un ámbito reconocible, ha ganado accesibilidad, se ha involucrado en una proble-

mática más colectiva. Aunque su trabazón es más convencional que la de muchos poemas breves, no pierde en
contenidos. O es tal vez que nuestra limitación halla en
este poema satisfacciones inalcanzables en algunas composiciones herméticas de *Poemas árticos*. El mérito innegable
de Huidobro está en habernos dejado con *Altazor* una
formulación desusual de nuestros conflictos ancestrales.
Las oscuridades inevitables son expresión de su búsqueda
en un territorio que bordea la nada, el no-ser. Al acercarse
a ese espacio absoluto y quizás inaprehensible, el idioma
tiende a tornarse en balbuceo, la palabra se destruye, la
imagen pierde sus posibles referencias al mundo fáctico.
El nombre se encabrita, el adjetivo vacila; su visión es-
trangula la sintaxis. Hay manoteos, resuellos o gritos.
Pero nada de esto asume el valor de una autocompasión
trágica. En Vallejo, por ejemplo, puede decirse que su
frustración contenida, su desesperación sorda, le confiere
una tensión única: su forzado acatamiento se proyecta
a martirio. Huidobro, por el contrario, no deja de gozar
sus vuelos-caídas. La vida es siempre menos austera que
con Vallejo. Como si Huidobro hallase su plenitud en su
búsqueda. Por eso la caída toma por momentos visos
deportivos, es casi aceptación complacida.

El ímpetu verbal de *Altazor*, su exuberancia tan rara
en composiciones anteriores, indica alejamientos y nuevas
proximidades. Huidobro ha dejado aquellos rigores reverdianos, aquel tono crepuscular. La visión impartida
por Juan Gris y compartida en algún momento por nuestro poeta también pertenece a un pasado muy distante.
Su gesto en *Altazor* lo sitúa en ámbitos vecinos a los del
surrealismo: ese mundo que él contempla, a veces con
entrega gozosa y otras con desesperación, participa de
la opulencia verbal de aquél. Pero como presentimos una

clara idea de plan detrás de esas formas palpitantes y un tanto caóticas, sabemos que una frontera racional nos contiene. Habría que señalar que eso también lo encontramos en innumerables poemas de confesada inspiración surrealista. Del futurismo sólo queda ese extraño artefacto: el paracaídas. Un instrumento rescatado del naufragio de una época. Tal vez uno de los pocos que, paradógicamente, toma así una existencia permanente. Por otra parte, los principios creacionistas —si es que ellos difieren en verdad de los que ya conocíamos y abogaban por una palabra poética libre de las limitaciones del mundo físico— no son ya reconocibles como tales. Para llegar al poema, Huidobro se ha despojado de esas enunciaciones y su fervor creador, por momentos frenesí, sigue su carrera indetenible.

De tal modo, en esta obra importante de Huidobro —cuyas primeras versiones datan de 1919 y que alcanza su forma definitiva en 1931— vemos un confundirse de corrientes y tendencias. Los elementos de innovación han perdido, lógicamente, su combatividad, pero su eficacia perdura y hay pasajes cuya frescura se ha preservado quizás para siempre. Por razones comprensibles, el poema no ha alcanzado una difusión que podríamos llamar universal. Huidobro será siempre un poeta de minorías, de admiradores ocultos y hasta vergonzantes. No es poeta de líneas memorables, de palabras y ritmos que se graban en nuestra mente. Allegársele importa una sumisión y a veces hasta un sacrificio. Como no accede a concesiones, como no procura nuestro deleite fácil, su poesía constituye un esfuerzo en el que nos hermanamos y confundimos por el poeta, en el que compartimos de algún modo esa soledad esencial que su obra poética en última instancia trasunta.

ÚLTIMOS LIBROS

Ver y Palpar (1941). El primer poema «Hasta luego»[1] también nos trae «recuerdos de Altazor». Como en aquél, encontramos los mismos juegos verbales e imaginativos, un idéntico tono a menudo retórico y admonitorio. La línea bien hallada contrasta con las repeticiones que no elaboran la imagen, sino más bien la amplían, a veces innecesariamente. Otra vez el desborde, la entrega llevado por un envión verbal, casi frenesí. Es difícil no leer este texto como si fueran formas ya ensayadas. De modo que en una visión de conjunto resulta hasta redundante. Tal vez este poema nos sitúe frente a una forma de creación inevitablemente empobrecida. Por momentos sentimos en Huidobro la carencia de un mundo a comunicar, de una visión del destino humano. Nos quedamos, por lo tanto, en el registro de un dinamismo imaginativo y verbal, ora activo y positivo, ora de cierta pasividad espiritual: efervescencias, agitaciones que poco revelan. Cuando el poeta se compromete en un juicio, en una estimación, es cuando el poema parece más logrado. La naturaleza elusiva de su poesía apunta a esa carencia central. Pero si el poema huidobriano explora un vacío, no resulta siempre claro que el poeta sea consciente de esa deficiencia. Mallarmé sintió como pocos esa hondura silenciosa e impenetrable. No sé si Huidobro, en la exuberancia de sus años jóvenes, atisbó a menudo

---

[1] V. Huidobro, *Op. cit.*, pág. 449.

esa presencia. Es decir, este libro documenta un acontecer psíquico antes que una problemática más colectiva.
Y el lenguaje es el mismo de su poesía anterior. Como si
el poeta que ha alcanzado su plenitud en *Altazor* sólo
pudiera repetirse. O es tal vez que, en cierto sentido, su
poesía es tal que no admite ya progresiones cuando se ha
plasmado en verbo: como si fuera un absoluto. De ahí
que un poema como «Año Nuevo» [2] ostente los mismos
recursos, las mismas palabras, el mismo movimiento que
poemas más tempranos. «Anuncio» [3] puede darnos una
pauta ambiental de este libro: es otra vez el poema quien
salva al poeta, o si no logra salvarlo, al menos lo libera
momentáneamente. El poeta-astrólogo que «habla y anda
como la noche» no consigue develar el enigma del ser, sin
embargo:

> «... Cree en los fósforos de la inconsciencia
> En la espada de la soledad
> Que corta en dos nuestro silencio
> Para que sea diálogo de aire y nada.»

Como el poeta no logra proyectarse a un orden trascendente, más pareciera vivir en un caos darwiniano que en
oscuridades oraculares. El poema gira sin salida, da vueltas en torno a «aire y nada». Tal vez se comprenderá así
también la insistente imagen del molino. Es probable
que estos poemas fueran escritos al mismo tiempo que
Altazor, pues participan de idéntica textura verbal, de
un obvio paralelismo temático y expresivo.

Los «Poemas Giratorios» —el nombre es revelador—
se complementan como dos caras de una moneda, con
temas que se elaboran y repiten, pero con notables dife-

---

2 V. Huidobro, *Op. cit.*, pág. 453.
3 V. Huidobro, *Op. cit.*, pág. 456.

rencias. El primer poema es más dubitativo, más interrogante; el segundo, por el contrario, es una aserción que llega a la admonición. El poeta nos hace vislumbrar su situación anímica a partir de imágenes que sugieren ansiedad e ímpetu: «espectro», «tempestad», «caballo afiebrado», y otras que hablan de confinamientos, de opresiones: «Estamos bloqueados por los remordimientos», «con voz de noche y lobo moribundo». El poema I es una pregunta del poeta, ese «cultivador de metamorfosis» que busca «recoger los actos del camino», retener lo fugitivo, lo transitorio, el vivir. Los poemas son «giratorios», asimismo, en su naturaleza evanescente, en la evidente inestabilidad de las imágenes que resisten cualquier conceptualización sostenida. Su dinamismo está en su poder de sugerencia, particularmente activo en el primer poema.

De ese modo, caras de una medalla o aspas de un molino o diálogo de aire y nada, el poeta se debate en su centro que lo aprisiona y que sólo la imaginación puede liberar. El paladín sin esperanza se dice:

«Escucha los rumores de tu pecho sepulcro de héroe
Hierática serpiente devorando la esperanza.» [4]

Es así que la imagen cobra mayor independencia y posibilita a veces una polivalencia de expresión que lo acerca a formas no ensayadas en nuestro idioma:

«Respeta mi pecho donde las olas se pasean
Y el sueño del paisaje que sale de mis ojos» [5]

A su manera, Huidobro se aproxima a esas oscuridades que también hallamos en los simbolistas. Como en aqué-

---

4 V. Huidobro, *Op. cit.*, pág. 462.
5 V. Huidobro, *Op. cit.*, pág. 462.

llos, se siente la tremenda contradicción entre poeta y mundo, entre aspiración y realidad. A veces el poeta parece liberarse en afirmaciones que, demasiado vehementes, demasiado agónicas, son más bien testimonios de precariedad:

> «Vivid vivid
> En vuestra cabeza
> Silbad la luna frente a frente
> Sed bueno como el aceite de los astros
> He aquí flor tu lluvia
> Tus brazos tus piernas
> Y mezclamos los misterios
> En nuestra garganta
> Los vientos las llamas los vientos encendidos
> Llevad vuestros destinos
> Vivid vivid
> Cerrad vuestras sombras.» [6]

«Ser y Estar» sugiere también una presencia detrás del mundo de los fenómenos y la inminencia de un nacimiento que el poeta presiente en el nacer de la poesía. Todo lo que es, es incompleto, frío, aguardando la llegada de la voz. Como se ve, nos retrotrae a _El espejo de agua:_

> «Como las estrellas nonatas acurrucadas en algún rincón
> Yo tengo un rincón adentro de mi rincón
> Un rincón como una amatista
> Entre las sombras habladoras del universo
> Sólo yo tengo un rincón semejante
> Y tan propio como mi voz.» [7]

Pero el poeta no es más explícito cuando nos dice de «las sombras habladoras del universo». Hay que preguntarse

---

6 V. Huidobro, _Op. cit._, pág. 467.
7 V. Huidobro, _Op. cit._, pág. 474.

¿son los objetos meras sombras?, ¿son tales sombras
presencias, tal vez esencias allende lo tangible? Para
ser consecuentes con su estimación de la palabra poética
como origen, Huidobro debería aceptar esa comunicación
con lo trascendente. Sus «correspondencias», sin embargo, no son equiparables a las de Baudelaire:

> «De ojo a ojo todo está nonato
> De oreja a oreja todo está esperando algo
> Un cielo correspondiente y parecido
> Como si Dios fuera a nacer de repente.» [8]

La naturaleza no es aquí un templo, en verdad ella no
tiene existencia en el poema huidobriano, es un orden
totalmente ajeno, una suerte de limbo. No hay, pues, comunicación con ella. El poema es tal vez «correspondien-
te», pero es siempre independiente, libre, separado de
nuestra experiencia cotidiana. Podría argüirse su gratuidad si no resultase una demostración de lo imposible.
Ya que no puede asir un absoluto el poeta asume el gesto
lúdico, el juego, y lo nimio es casi imagen de la desesperación. Escribe en «Ronda»: [9]

> «El mar cae en el vacío
> El vacío cae en el tiempo
> Y yo cazo conejos blancos
> En la palma de tu mano.»

Puede continuarse la lectura de este libro como una
caza de signos que afloran y desaparecen en un mar meta-
fórico e imaginativo, extrañas floraciones que nos traen

---

[8] V. Huidobro, *Op. cit.*, pág. 474.
[9] V. Huidobro, *Op. cit.*, pág. 475.

fugitivas noticias de países alados o subterráneos, o de motivaciones humanas conocidas, pero aquí formuladas en lo insólito. El poeta oscila entre lo apocalíptico y lo mesiánico. Ya prevalece una noción de disolución, de naufragio, de caída o bien hay alusiones recatadas a un advenimiento, a un arribo. Pero en Huidobro no hay menciones de esperanza o de condenación cristianas. En cierto sentido, su mesianismo basado en su fe en el arte transformador, transfigurante, posee cierta vecindad con el de Mallarmé.

En «Tenemos un cataclismo adentro», [10] una controlada expresión elegíaca comunica su emoción penetrada de interrogantes. Son preguntas vividas, hechas carne. Como en pocos poemas aquí tocamos al hombre que busca y que se busca. Las metáforas responden a una necesidad de expresión más estricta y tienen, por lo tanto, una trabazón ausente de muchos otros ejercicios.

> «Nada recuerdo, pero el sentimiento vive
> Llevo en la carne los tiempos infantiles
> Y los antes de los antes con sus ruidos confusos
> Las épocas de los grandes principios
> Y de las formaciones en fantasmagorías imprevisibles
> Cuando el mar apenas aprendía a hablar
> Y la vida se estrellaba entre las rocas.»

Esta estrofa sugiere esos procesos que Huidobro buscó poetizar en *Adán,* pero que aquí alcanzan una fluidez inhallable en aquel temprano intento. El comienzo de la vida se funde con la memoria del niño, y esa memoria se plasma en el pasado de la especie, casi más geológico que histórico.

---

[10] V. Huidobro, *Op. cit.,* págs. 477 y 478.

«Despiértame y grítame que estoy viviendo en hoy
Sé muy bien que si hubiera comido ciertas hierbas
Sería paloma mensajera
Y podría encontrarte a la sombra de esa flor que es
[la tarde
Pero el murmullo nada indica
Los barcos han partido hacia sus pájaros
Ya no es tiempo.»

En medio del proceso ciego irrumpe la noción de ser
y la individuación es agónica, cercada por el tiempo, aco-
sada por la mutación que la engendrara. Ella es la voz
que «quiere ser interminable». Mas el proceso continúa
inmutable:

«Pero otros suben otros bajan
Ah cielo lleno de días y de noches
Amigos en dónde estáis amigos
Saliendo de palomas viene la muerte.»

Como en otros poemas, sin embargo, la experiencia toma
forma alada, volátil, como si el estar en el mundo fuera
algo incierto y precario. Es una sensación de sueño o
nube, antes que de realidades tangibles y sólidas.

«Apagado en síntesis» [11] termina asimismo en un tono
de contenida desesperación luego del buceo en los arca-
nos de la conciencia, siempre inestable a través de calva-
rios o de magras alegrías y estremecimientos. «En las
esferas» [12] testimonia, por el contrario, un ansia de eleva-
ción, de vuelo dichoso, «una promesa de esplendor en su
horizonte receloso». Este impulso hacia la alegría que comienza en «En las esferas» se define en el poema siguiente, «Ronda de la vida riendo», donde la risa, el canto, el

11 V. Huidobro, *Op. cit.*, pág. 480.
12 V. Huidobro, *Op. cit.*, pág. 481.

vuelo, participan de esa aspiración de ser que ahuyenta las sombras que poblaban poemas anteriores.

De estos altibajos, de ese registro constante de estados anímicos y condicionamientos emotivos, el poeta busca liberarse en «Preceptiva funesta», [13] en «Generación espontánea». [14] Se opone a los poderes que lo limitan y oprimen en «Poema para hacer crecer los árboles», [15] bello encantamiento con el que trata de cerrar «el paso a la muerte». El poeta, eterno buscador en mundos ignorados, nos da en «Sin por qué» [16] novedosas y activas resonancias. Se advierte el vértigo de un absoluto, tal vez la proximidad del precipicio del absurdo o el arribo a alguna otra frontera de nuestro ser. Y todo esto por imperio de esa presencia incomprensible, esa palabra —«arum»— que llega al poeta «sin timonel y al azar de los vientos». Lo que podría verse como meramente arbitrario toma la naturaleza de un signo de lo infinito o lo desconocido o lo subterráneo. Este poema debe leerse junto a «Comararu» [17] que se halla en la colección siguiente.

El ciudadano del olvido (1941) se publica el mismo año que *Ver y Palpar*. Es evidente que estas colecciones paralelas en motivos y tempo espiritual no pueden tratarse como libros independientes ya que no ilustran dos actitudes o maneras. Braulio Arenas indica [18] que fueron escritos entre 1923 y 1934. Otra vez nos enfrentamos a formas que constituyen verdaderas constantes en la poesía de Huidobro: la autonomía del lenguaje, la destrucción de la sintaxis tradicional, esa insistente presencia de un

---

13 y 14 V. Huidobro, *Op. cit.*, pág. 488.
15 y 16 V. Huidobro, *Op. cit.*, pág. 490.
17 V. Huidobro, *Op. cit.*, pág. 509.
18 V. Huidobro, *Op. cit.*, pág. 40 (Introducción).

estado casi onírico —en verdad, una constante alucinación—, lo absurdo, lo incoherente, lo baladí. No hay duda de que tales texturas las hallamos también en libros anteriores. Poesía como vulneración de lo lógico, de lo aprehendido por la razón, he ahí lo que ha dejado Huidobro. Uso del idioma que recuerda el lenguaje de la pintura abstracta. Ejercicios que serían carentes de valor si no quedasen como testimonios de una tensión espiritual y psicológica, instantáneas que cristalizan el devenir de una conciencia. La presencia de la muerte en tantos poemas de Huidobro debe volvernos hacia uno de los temas centrales en su obra: la creación como exorcismo. Quizás en estos últimos libros encontramos una formulación aún más directa de este problema, aunque esa idea central acompaña a Huidobro toda su vida. Pero el acto creador en última instancia no sacraliza, ni lo comunica con poderes allende lo humano. Pequeño dios y hombre, el poeta no llega a lanzarse fuera de su mundo, cerrado y circular:

«Ebrio voy sobre el barco de rumores bajo este rocío
«voluptuoso. Prisionero de un hambre que se ahonda.
»Enfermero que se liberta de la suerte y de los lazos de
»las murallas en delirio.

»Sin reposo en el pecho porque la nevazón del alma
»estupefacta vuela en espigas adivinatorias, gotea locura
»desde sus altas hojas.

»Soy graznido galopando sobre los naufragios del hori-
»zonte que se estira y convierte el tiempo en una culebra
»al atardecer.

»Vagabundo en gestos de silencio. Signos de temperatura,
»la soledad de la violencia espanta al anciano en su trozo
»de cielo cuando las lejanías hermanas del salvaje muestran
»su deseo ardiente de una abstracta esperanza.

»La dureza del aire es la frontera, la última frontera
»hierática como un vidrio. Más allá los paisajes de la medi-
»tación en actitud de entrañas que aguardan».[19]

«Vagabundo» nos devuelve por un instante el mundo
concreto. «Rocío voluptuoso» señala un regreso a lo físico, a una temperatura humana, si bien no estamos todavía en lo erótico. Coherente con su visión del poema,
Huidobro no se abisma en la exploración de los aconte-
ceres de la carne. Aun cuando trata de hacerlo —véase,
por ejemplo, «De vida en vida»— nuestra participación
no se opera en los ámbitos de la sensación. El poema nos
interpone su distancia. Aquí solamente dos palabras sobre aquello que demandó libros enteros de tantos otros
poetas. Luego, otra vez el verbo apasionado, pero evanescente, intenso, pero volátil. En la lejanía, siempre en
la lejanía, «su deseo ardiente de una abstracta esperanza».
La llegada de tal esperanza importaría un salir de sí, un
proyectarse. No lo consigue: «La dureza del aire es la
frontera, la última frontera hierática como un vidrio».
Este tema mallarmeano nos remite a «Les fenêtres».
Mallarmé lograba la esperanza:

> «Je fuis et je m'accroche à toutes les croisées
> D'où l'on tourne l'épaule à la vie, et, béni,
> Dans leur verre, lavé d'éternelles rosées,
> Que dore le matin chaste de l'Infini
> Je me mire et me vois ange! et je meurs, et j'aime
> — Que la vitre soit l'art, soit la mysticité —
> A renaître, portant mon rêve en diadème,
> Au ciel antérieur où fleurit la Beauté!»

«Infini», «Beauté» son órdenes ideales, hacia los que el
poeta aspira cuando busca evadirse del cuerpo. Huidobro

---

19 V. Huidobro, *Op. cit.*, pág. 505.

salta en el vacío, para él única forma de escapar del tiempo. Y el poema es el salto. Escribe en «Irreparable, nada es irreparable»: [20]

> «Huir de sí mismo y de las trampas que nos tienden
> »nuestras propias alas, saltar al vacío del más avanzado
> »promontorio de las quimeras.
> »Huir. Desenredarse de sus arterias y huir de sí mismo,
> »huir de sus huesos.»

Puede tal vez concebirse un ciclo huidobriano que seguiría la pauta siguiente: el existir se realiza en la palabra. Al decir, el ser se encuentra y halla su permanencia. El individuo, el accidente, se integra con el todo en la palabra que en Huidobro es «creación» y no simplemente «mención». El ser, ya plasmado en canto, llega a lo que él llama a veces «destinos», o «impulsos de las leyes de atracción», o «vueltas del anillo del caos», o «tinieblas», esto es, a esa totalidad a menudo presentida por el poeta, mas jamás realmente contemplada. Experiencia mística que él no alcanza.

> «Mi porvenir me está esperando sentado en el horizonte
> Y allí está la selva de palabras que no supe decir
> La selva intraducible por el camino de la Tiniebla
> La selva Voy a unirme a la selva
> Voy a unirme a mis palabras
> Y entonces me perderé de vista a vuestros ojos
> Nadie sabrá de mí
> Yo estaré adentro de mis palabras
> Y el nacimiento de un grito que va haciendo olas
> Y no tiene límite porque vosotros no conocéis sus límites
> Ni el nombre de la estrella que se irá inflando con mi
> [voz.» [21]

[20] V. Huidobro, *Op. cit.*, pág. 506.
[21] V. Huidobro, *Op. cit.*, pág. 510.

Una totalidad, como se ve, que está constituida por esa realidad creada por el poeta. Un movimiento concéntrico y en espiral en torno a un centro que es a la vez universo y conciencia, mundo y yo. Con ese regreso se cumple el ciclo. Si bien Huidobro quiere hacer un mito de la poesía, no logra proyectarnos hacia un ideal. La suya es una «vocación de altura» que no sale de ese interminable movimiento giratorio. Pero aun el centro es inestable y se volatiliza en sueños e imágenes.

«Estoy fatigado de morir en los periódicos
De hacer el horóscopo de las mariposas
De mirar el mar que se levanta las faldas
Y las estrellas con sus campanas
O la flor cargada de cadenas
Siempre de pie entre cada sueño
Pero dónde está mi sed Dónde está mi hambre
... ...
Dónde está mi palabra
... ...
Lejos
Los ruidos de los ruidos
La sombra de los ruidos mutilados
El eco que la montaña guarda en su bolsillo
¿Quién dará el vuelto del vuelto?» [22]

El ciudadano del olvido no posee como *Ver y Palpar* saltos inesperados y repentinos hacia la alegría. Una nota de tristeza, de resignado sufrimiento gobierna esas páginas. Y es en su tono crepuscular y solitario que encontramos al poeta maduro, virilmente asumiendo su destino. El libro se cierra con «Sino y signo», [23] poema revelador, diálogo del poeta consigo mismo:

22   V. Huidobro, *Op. cit.*, pág. 513.
23   V. Huidobro, *Op. cit.*, pág. 563.

«Y luego quisieras confundirte en todo
Y tenderte en un descanso de pájaros extáticos
En un bello país de olvido
Entre ramajes sin viento y sin memoria
Olvidarte de todo y que todo te olvide.»

Últimos poemas (1948), colección editada póstumamente por la hija del poeta, contiene composiciones como «La noche momentánea» o «El hijo canta a la madre dolorosa» referidas a hechos históricos concretos. No es con frecuencia que el poeta nos pone marcos precisos a sus poemas, ya que, en general, ellos declaran una situación espiritual sin relatar los estímulos que les dieron nacimiento. Los veremos otra vez asomar en la sección titulada «Otros poemas»[24] de sus *Obras Completas:* «Despertar de octubre 1917», «Elegía a la muerte de Lenin», «Canto a Francia», «Canto a los soldados americanos». Tales poemas son incongruentes con el resto del libro y ocupan un lugar tangencial en su obra poética.

Dentro de sus modos de expresión más usuales, «Solitario invencible»[25] y «Recuperar el cielo»[26] vuelven a decirnos de su ambición por «aprisionar el aire con esta carne presurosa». En «La poesía es un atentado celeste»[27] confiesa su búsqueda de un centro que lo fije, que lo ancle en el torbellino del devenir:

«Yo estoy ausente, pero en el fondo de esta ausencia
Hay la espera de sí mismo
Y esta espera es otro modo de presencia
La espera de mi retorno

---

[24] V. Huidobro, *Op. cit.*, pág. 611.
[25] V. Huidobro, *Op. cit.*, pág. 570.
[26] V. Huidobro, *Op. cit.*, pág. 571.
[27] V. Huidobro, *Op. cit.*, pág. 577.

Yo estoy en otros objetos
Ando en viaje dando un poco de mi vida
A ciertos árboles y a ciertas piedras
Que me han esperado muchos años.»

No sentirse en el mundo es tal vez una nota insistente en la poesía de nuestro siglo. Huidobro no es ajeno a ese sentimiento que patentiza una situación ontológica:

«Días y noches te he buscado
Sin encontrar el sitio en donde cantas
Te he buscado por el tiempo arriba y por el río abajo
Te has perdido entre las lágrimas
Noches y noches te he buscado
Sin encontrar el sitio en donde lloras
Porque yo sé que estás llorando
Me basta con mirarme en un espejo
Para saber que estás llorando y me has llorado
Sólo tú salvas el llanto
Y de mendigo oscuro lo haces rey coronado por tu
                                                      mano.» [28]

Tú y yo se confunden, conciencia y lo «otro» se aúnan en el camino a tientas, en la común ceguera. Encontrar el sitio donde se engendra el canto importaría arribar a una esencia que el poeta no siente poseer. Sólo consigue retener el llanto en el poema, que vive así una vida única. Siempre queda algo frustrado y fallido:

«Llamo a la vida y huyo avergonzado
Quiero ser toda mi alma y no lo puedo
Quiero todo mi cuerpo y no lo logro.» [29]

---

28 V. Huidobro, *Op. cit.*, pág. 583.
29 V. Huidobro, *Op. cit.*, pág. 584.

«Palabras de la danza», [30] en su movilidad vertiginosa es capaz de revelar una cosmogonía. Danza implica aquí progresión, flujo, una interminable mutación que el poeta llama «la negra nada giratoria y la locura del universo». Penetrado por esa «fascinación de las esferas» es una «perla errante en los espacios», un no encontrarse. Los poemas se van poblando de indicios de una desazón abrumadora. El agobio es más calmo, más controlado, pero es también más total y constante. Es verdad que los fogonazos de su lucha por ser están presentes aún en sus últimas composiciones:

«Así dirá la historia
Se debatía entre el furor y la esperanza
Corrían a encender montañas
Y se quemaban en la hoguera
Empujaban ciudades y llanuras
Flanqueaban ríos y mares con la cabeza ensangrentada
Avanzaban en medio de la sombra espía
Caían desplomados como pájaros ilusos
Sus mujeres ardían y clamaban como relámpagos
Los caballos chocaban miembros en el fango
Carros de hierro aviones triturados
Tendidos en el mismo sueño...
Guárdate niño de seguir tal ruta.» [31]

El poeta es aquí personificación de un heroísmo que lo vincula a varias figuras de la vanguardia, que lo hermana con los visionarios y los grandes iniciadores. Ecos de Blake, de Rimbaud, de Apollinaire llegan a nosotros en estos versos.

---

30 V. Huidobro, *Op. cit.*, pág. 603.
31 V. Huidobro, *Op. cit.*, pág. 592.

Las tensiones fundamentales de la poesía de Huidobro encuentran en este libro póstumo una reiteración que cobra bellos matices elegíacos. Atrás han quedado las modas, los manifiestos, las declaraciones estridentes. El tono lírico de esta colección lo signa como documento importante en la totalidad de su obra. El manifiesto, la resonante toma de principios inevitablemente nos prepara al «mensaje», siempre provisional y perecedero. Más convincentes, tal vez más humildes, éstas son páginas en las que nuestro poeta nos ha entregado mucho de sí y lo ha hecho de manera perdurable.

CONCLUSIÓN

Al terminar esta lectura de las obras de Huidobro sentimos una mezclada sensación de triunfo y derrota. Por un lado, sus poemas son documentos vivientes de su lucha por ser, por elevarse de la mera condición animal, por lanzar lo humano hacia un ámbito superior. Por otro, su salto hacia la nada, hacia el aire o el vacío. Por momentos su visión puede resultar conformista, otros es un angustiado interrogante. Su poesía testimonia una suerte de resistencia al tiempo, un oponerse a los procesos naturales y ciegos que, en otro plano, acepta como inevitables. Como se dijo más adelante, ella es un debatirse entre ser y devenir. Entre voluntad y mundo. Por eso su poesía no se organiza en una comprensión filosófica, en una armonía. Ella es más bien testimonio de una tensión, de una ruptura. Santayana decía[1] de la poesía que «is religion without points of application in conduct, and without an expression of worship in dogma». Tal pareciera ser adecuado a la poesía de Huidobro. Incluso la naturaleza de su poema puede parecer ambigua: carente de alusiones literarias concretas, ausente de la historia, ajeno a una fe común, su acto creador no es siempre comunicable y sufre, por lo tanto, cierta gratuidad. Pero es igualmente verdad que el poeta logra comu-

---

1 *Interpretations of Poetry and Religion*, Black, pág. 289: «es una religión sin puntos de aplicación en la conducta y sin expresión de veneración en un dogma».

nicarnos al menos su soledad, su vacío, esa carencia central, como si fuera una nostalgia de Dios.

Su territorio poético puede impresionar como de una aridez aterradora, pues su energía sólo se canaliza hacia imágenes siempre inestables y aladas. Es un intento de capturar lo inalcanzable, de poseer un absoluto, algo que cuando llega a sus manos se transforma en otro ser aún más fugitivo. Su energía, sus tensiones se plasman en imágenes que, fuera de una convención, allende un credo, resultan confesiones patéticas y, a su manera, de abrumadora franqueza. Hacia el final, pareciera que el poeta va dominando su exaltación, su voluntad de poder. Es más sabio aunque por ello no más reticente. En Huidobro conducta y creación, acto y poesía, buscan a menudo una identificación que iluminaría muchos de los gestos aparentemente inaceptables del poeta. Aún necesitamos una biografía de Huidobro. No el panegírico, tampoco el ataque, sino la reconstrucción interpretativa de su paso por el mundo. Si es posible, la revelación de aquellas aparentes incongruencias que darían acceso a ciertos órdenes de su comportamiento que develarían aspectos de esa voluntad dominante que lo arroja a buscar la fama, de esa arrogancia.

Más allá de la polémica y el debate palpita en el poeta una profunda inquietud. Una inevitable soledad que se ahonda con los años. El cambio es gradual y puede resultar hasta imperceptible, pero es real y testimonia una inseguridad, un presentimiento de lo inalcanzable, es decir, atisbos de una ulterior frustración. De tal manera, de una concepción de la poesía como celebración llegamos a la noción de poesía como exorcismo y como antídoto. Por eso el tono elegíaco de las últimas páginas aun a pesar de ciertos momentos de exaltación verbal.

Los poemas en Huidobro cumplen una función múltiple. Son la tierra y el cielo, Dios y los hombres, realidad y fantasía. Y, en tal sentido, el poeta se mueve entre el acatamiento y la rebelión. En una rebelión contra el anonimato y la nada, contra la sombra y el éter. Lo es también contra lo sólido, la carne, la sensación, lo perecedero. Es revelador que en su poesía todo aquel vario territorio de la sensación, esa zona de la realidad sombreada por volición, percepción y sueño se halle ausente, sea lejana y se confunda con ese otro territorio que el poeta crea entre lo concreto y lo evanescente. Como en Mallarmé, sus logros poéticos son expresión de un naufragio filosófico. De esos hundimientos rescatamos en la superficie jirones de vida palpitantes que ya desafían el tiempo.

Colchester, Essex.

BIBLIOGRAFÍA

I. Obras de Vicente Huidobro

Ecos del alma, Imp. Chile, 1911.

La gruta del silencio, Imp. Universitaria, S. A., 1913.

Canciones en la noche, Imp. Chile, 1913.

Pasando y pasando, Santiago, 1914.

Las pagodas ocultas, Imp. Universitaria, S. A., 1914.

Adán, Imp. Universitaria, S. A., 1916.

El espejo de agua, Buenos Aires, 1916, Madrid, 1918.

Horizon carré, París, Paul Birault, 1917.

Tour Eiffel, Madrid, Pueyo, 1918.

Hallali, Madrid, Jesús López, 1918.

Ecuatorial, Madrid, Pueyo, 1918.

Poemas árticos, Madrid, Pueyo, 1918.

Saisons choisies, París, La Cible, 1921.

Gillez de raíz, París, Totem, 1922.

Finis Britanniae, París, Fiat Lux, 1923.

Automne régulier, París, Librairie de France, 1925.

Tout à coup, París, Au Sans Pareil, 1925.

Manifestes, París, La Revue Mondiale, 1925.

Vientos contrarios, Santiago, Nascimento, 1926.

Mío Cid Campeador, Madrid, C.I.A.P., 1929.

Altazor o El viaje en paracaídas, Madrid, C.I.A.P., 1931.

Temblor de cielo, Madrid, Plutarco, 1931.

Cagliostro, Santiago, Zig-Zag, 1934.

La próxima, Santiago, Julio Walton, 1934.

Papá o El diario de Alicia Mir, Santiago, Ediciones Walton, 1934.

En la luna, Santiago, Ercilla, 1934.

Tres inmensas novelas, en colaboración con Hans Arp, Santiago, Zig-Zag, 1935.

Sátiro o El poder de las palabras, Santiago, Zig-Zag, 1939.

Ver y palpar, Santiago, Ercilla, 1941.

El ciudadano del olvido, Santiago, Ercilla, 1941.

Últimos poemas, Santiago, Ahués Hnos., 1948.

Obras completas, Santiago, Zig-Zag, 1964.

II. Algunas obras sobre Vicente Huidobro

Alegría, Fernando, *Ideas estéticas de la poesía moderna*, en *Multitud*, Año I, 2.ª época, Santiago de Chile, 1939, págs. 21-35.

Anguita, Eduardo, *Vicente Huidobro*, Antología, prólogo, selección, traducción y notas, Santiago de Chile, 1945.

Arenas, Braulio, *Vicente Huidobro y el Creacionismo*, en *Obras Completas*, 2 vols., Santiago de Chile, 1964.

Bajarlía, Juan Jacobo, *El vanguardismo poético en América y España*, Buenos Aires, 1957.

— *La Polémique Reverdy-Huidobro*, en *Courrier du Centre International d'Études Poétiques*, Bruselas, noviembre 1963.

BARY, DAVID, *Perspectiva Europea del Creacionismo*, en *Revista Iberoamericana*, enero-junio, 1958.

— *Huidobro o la vocación poética*, Universidad de Granada, España, 1963.

CANSINOS-ASSÉNS, R., *La Nueva Literatura*, vol. III, 1927.

CONCHA, JAIME, «*Altazor*», *de Vicente Huidobro*, en *Anales de la Universidad de Chile*, enero-marzo, 1965.

DIEGO, GERARDO, *Vicente Huidobro*, en *Estudios*, Santiago de Chile, mayo 1949.

EDWARDS BELLO, JOAQUÍN, *Vicente Huidobro*, en *La Nación*, Chile, 8 de enero 1948.

GOIC, CEDOMIL, *La poesía de Vicente Huidobro*, Ediciones de Los Anales de la Universidad de Chile, núm. 2, Serie Roja, s. f.

HOLMES, HENRY ALFRED, *Vicente Huidobro and Creationism*, Nueva York, 1934.

LIHN, ENRIQUE, *Autobiografía de una escritura*, en *Casa de las Américas*, La Habana, 1967.

MOLINA, JULIO, *Vicente Huidobro*, en *Atenea*, año XXV, enero-febrero 1948.

SILVA CASTRO, RAÚL, *Vicente Huidobro y el Creacionismo*, en *Revista Iberoamericana*, enero-junio 1960.

TORRE, GUILLERMO DE, *Tres conceptos de la literatura hispanoamericana*, Buenos Aires, 1963.

— *Historia de las literaturas de vanguardia*, Madrid, 1965.

UNDURRAGA, ANTONIO DE, *Teoría del Creacionismo*, en *Vicente Huidobro: Poesía y Prosa*, Madrid, 1957.

VIDELA, GLORIA: *El ultraísmo (Estudios sobre movimientos poéticos de vanguardia en España)*, Gredos, Madrid, 1963.

ÍNDICE GENERAL

BIBLIOTECA ROMÁNICA HISPÁNICA

Dirigida por: DÁMASO ALONSO

114. Concha Zardoya: *Poesía española del 98 y del 27 (Estudios temáticos y estilísticos).* Segunda edición, en prensa.
115. Harald Weinrich: *Estructura y función de los tiempos en el lenguaje.* Reimpresión. 430 págs.
116. Antonio Regalado García: *El siervo y el señor (La dialéctica agónica de Miguel de Unamuno).* 220 págs.
117. Sergio Beser: *Leopoldo Alas, crítico literario.* 372 págs.
118. Manuel Bermejo Marcos: *Don Juan Valera, crítico literario.* 256 páginas.
119. Solita Salinas de Marichal: *El mundo poético de Rafael Alberti* 272 págs.
120. Óscar Tacca: *La historia literaria.* 204 págs.
121. *Estudios críticos sobre el modernismo.* Introducción, selección y bibliografía general por Homero Castillo. 416 págs.
122. Oreste Macrí: *Ensayo de métrica sintagmática (Ejemplos del «Libro de Buen Amor» y del «Laberinto» de Juan de Mena).* 296 páginas.
123. Alonso Zamora Vicente: *La realidad esperpéntica (Aproximación a «Luces de bohemia»).* Premio Nacional de Literatura. 208 páginas.
124. Cesáreo Bandera Gómez: *El «Poema de Mío Cid»: Poesía, historia, mito.* 192 págs.
125. Helen Dill Goode: *La prosa retórica de Fray Luis de León en «Los nombres de Cristo».* 186 págs.
126. Otis H. Green: *España y la tradición occidental (El espíritu castellano en la literatura desde «El Cid» hasta Calderón).* 4 vols.
127. Ivan A. Schulman y Manuel Pedro González: *Martí, Darío y el modernismo.* Prólogo de Cintio Vitier. Reimpresión. 268 págs.
128. Alma de Zubizarreta: *Pedro Salinas: el diálogo creador.* Con un prólogo de Jorge Guillén. 424 págs.
129. Guillermo Fernández-Shaw: *Un poeta de transición. Vida y obra de Carlos Fernández Shaw (1865-1911).* X + 330 págs. 1 lámina.
130. Eduardo Camacho Guizado: *La elegía funeral en la poesía española.* 424 págs.
131. Antonio Sánchez Romeralo: *El villancico (Estudios sobre la lírica popular en los siglos XV y XVI).* 624 págs.
132. Luis Rosales: *Pasión y muerte del Conde de Villamediana.* 252 páginas.
133. Othón Arróniz: *La influencia italiana en el nacimiento de la comedia española.* 340 págs.
134. Diego Catalán: *Siete siglos de romancero (Historia y poesía).* 224 páginas.

177. Louis Hjelmslev: *Ensayos lingüísticos*. 362 págs.
178. Dámaso Alonso: *En torno a Lope (Marino, Cervantes, Benavente, Góngora, los Cardenios)*. 212 págs.
179. Walter Pabst: *La novela corta en la teoría y en la creación literaria (Notas para la historia de su antinomia en las literaturas románicas)*. 510 págs.
180. Antonio Rumeu de Armas: *Alfonso de Ulloa, introductor de la cultura española en Italia*. 192 págs.
181. Pedro R. León: *Algunas observaciones sobre Pedro de Cieza de León y la Crónica del Perú*. 278 págs.
182. Gemma Roberts: *Temas existenciales en la novela española de postguerra*. 286 págs.
183. Gustav Siebenmann: *Los estilos poéticos en España desde 1900*. 582 págs.
184. Armando Durán: *Estructura y técnica de la novela sentimental y caballeresca*. 182 págs.
185. Werner Beinhauer: *El humorismo en el español hablado (Improvisadas creaciones espontáneas)*. Con un prólogo de Rafael Lapesa. 270 págs.
186. Michael P. Predmore: *La poesía hermética de Juan Ramón Jiménez (El «Diario» como centro de su mundo poético)*. 234 págs.
187. Albert Manent: *Tres escritores catalanes: Carner, Riba, Pla*. 338 páginas.
188. Nicolás A. S. Bratosevich: *El estilo de Horacio Quiroga en sus cuentos*. 204 págs.
189. Ignacio Soldevila Durante: *La obra narrativa de Max Aub (1929-1969)*. 472 págs.
190. Leo Pollmann: *Sartre y Camus (Literatura de la existencia)*. 286 páginas.
191. María del Carmen Bobes Naves: *La semiótica como teoría lingüística*. 238 págs.
192. Emilio Carilla: *La creación del «Martín Fierro»*. 308 págs.
193. Eugenio Coseriu: *Sincronía, diacronía e historia (El problema del cambio lingüístico)*. Segunda edición, revisada y corregida. 290 págs.
194. Óscar Tacca: *Las voces de la novela*. 206 págs.
195. J. L. Fortea: *La obra de Andrés Carranque de Ríos*. 240 págs.
196. Emilio Náñez Fernández: *El diminutivo (Historia y funciones en el español clásico y moderno)*. 458 págs.
197. Andrew P. Debicki: *La poesía de Jorge Guillén*. 362 págs.
198. Ricardo Doménech: *El teatro de Buero Vallejo (Una meditación española)*. 372 págs.
199. Francisco Márquez Villanueva: *Fuentes literarias cervantinas*. 374 págs.

4. Juan Ruiz: *Libro de Buen Amor*. Edición crítica de Joan Corominas. Reimpresión. 670 págs.

5. Julio Rodríguez-Puértolas: *Fray Íñigo de Mendoza y sus «Coplas de Vita Christi»*. 634 págs. 1 lámina.

6. *Todo Ben Quzmān*. Editado, interpretado, medido y explicado por Emilio García Gómez. 3 vols.

7. *Garcilaso de la Vega y sus comentaristas (Obras completas del poeta y texto íntegro de El Brocense, Herrera, Tamayo y Azara)*. Edición de Antonio Gallego Morell. Segunda edición revisada y adicionada. 700 págs. 10 láminas.

V. DICCIONARIOS

1. Joan Corominas: *Diccionario crítico etimológico de la lengua castellana*. En reimpresión.

2. Joan Corominas: *Breve diccionario etimológico de la lengua castellana*. Tercera edición muy revisada y mejorada. 628 págs.

3. *Diccionario de Autoridades*. Edición facsímil. 3 vols.

4. Ricardo J. Alfaro: *Diccionario de anglicismos*. Recomendado por el «Primer Congreso de Academias de la Lengua Española». Segunda edición aumentada. 520 págs.

5. María Moliner: *Diccionario de uso del español*. Reimpresión. 2 vols.

VI. ANTOLOGÍA HISPÁNICA

1. Carmen Laforet: *Mis páginas mejores*. 258 págs.

2. Julio Camba: *Mis páginas mejores*. Reimpresión. 254 págs.

3. Dámaso Alonso y José M. Blecua: *Antología de la poesía española. Lírica de tipo tradicional*. Segunda edición. Reimpresión. LXXXVI + 266 páginas.

6. Vicente Aleixandre: *Mis poemas mejores*. Tercera edición aumentada. 322 págs.

7. Ramón Menéndez Pidal: *Mis páginas preferidas (Temas literarios)*. Reimpresión. 372 págs.

8. Ramón Menéndez Pidal: *Mis páginas preferidas (Temas lingüísticos e históricos)*. Reimpresión. 328 págs.

9. José M. Blecua: *Floresta de lírica española*. Tercera edición aumentada. 2 vols.

11. Pedro Laín Entralgo: *Mis páginas preferidas*. 338 págs.

Juan Luis Alborg: *Historia de la literatura española.*
Tomo I: *Edad Media y Renacimiento.* 2.ª edición. Reimpresión.
1.082 págs.
Tomo II: *Época Barroca.* 2.ª edición. 996 págs.
Tomo III: *El siglo XVIII.* 980 págs.
Homenaje Universitario a Dámaso Alonso. Reunido por los estudiantes de Filología Románica. 358 págs.
Homenaje a Casalduero. 510 págs.
Homenaje a Antonio Tovar. 470 págs.
Studia Hispanica in Honorem R. Lapesa. Vol. I: 622 págs. Vols. II y III, en prensa.
José Luis Martín: *Crítica estilística.* 410 págs.
Vicente García de Diego: *Gramática histórica española.* 3.ª edición revisada y aumentada con un índice completo de palabras. 624 págs.
Graciela Illanes: *La novelística de Carmen Laforet.* 202 págs.
François Meyer: *La ontología de Miguel de Unamuno.* 196 páginas.
Beatrice Petriz Ramos: *Introducción crítico-biográfica a José María Salaverría (1873-1940).* 356 págs.
Los «Lucidarios» españoles. Estudio y edición de Richard P. Kinkade. 346 págs.
Vittore Bocchetta: *Horacio en Villegas y en Fray Luis de León.* 182 páginas.
Elsie Alvarado de Ricord: *La obra poética de Dámaso Alonso.* Prólogo de Ricardo J. Alfaro. 180 págs.
José Ramón Cortina: *El arte dramático de Antonio Buero Vallejo.* 130 págs.
Mireya Jaimes-Freyre: *Modernismo y 98 a través de Ricardo Jaimes Freyre.* 208 páginas.
Emilio Sosa López: *La novela y el hombre.* 142 págs.
Gloria Guardia de Alfaro: *Estudios sobre el pensamiento poético de Pablo Antonio Cuadra.* 260 págs.
Ruth Wold: *El Diario de México, primer cotidiano de Nueva España.* 294 págs.
Marina Mayoral: *Poesía española contemporánea. Análisis de textos.* 254 págs.
Gonzague Truc: *Historia de la literatura católica contemporánea (de lengua francesa).* 430 págs.
Wilhelm Grenzmann: *Problemas y figuras de la literatura contemporánea.* 388 págs.
Antonio Medrano: *Lingüística inglesa.* 408 págs.
Veikko Väänänen: *Introducción al latín vulgar.* 414 págs.